Bernd Knebel
Gerhard Postels

Einführung in Informix-SQL

2., überarbeitete Auflage

Hüthig Buch Verlag Heidelberg

Diejenigen Bezeichnungen von im Buch genannten Erzeugnissen, die zugleich eingetragene Warenzeichen sind, wurden nicht besonders kenntlich gemacht. Es kann also aus dem Fehlen der Markierung ® nicht geschlossen werden, daß die Bezeichnung ein freier Warenname ist. Ebensowenig ist zu entnehmen, ob Patente oder Gebrauchsmusterschutz vorliegen.

CIP-Titelaufnahme der Deutschen Bibliothek

Knebel, Bernd:
Einführung in Informix-SQL / Bernd Knebel ; Gerhard Postels. – 2., überarb. Aufl.
– Heidelberg : Hüthig, 1991
    ISBN 3-7785-2087-3
NE: Postels, Gerhard:

© 1991 Hüthig Buch Verlag GmbH, Heidelberg
Printed in Germany
Druck: Neumann Druck, Heidelberg
Buchbinderische Verarbeitung: Binderei Kränkl, Heppenheim

Vorwort zur 2. Auflage

Die unvermeidlichen Fehler in der 1. Auflage haben wir beseitigt und einige Textstellen präziser gefaßt.
Wir möchten uns an dieser Stelle bei den vielen Lesern für die Anregungen und Hinweise bedanken und insbesondere den Damen Ursula Danielisz und Kordula Jorzik-Postels unseren Dank aussprechen, die die vorliegende Auflage grammatikalisch überarbeitet haben.

Rastede / Neustadtgödens im März 1991

Bernd Knebel   Gerhard Postels

Vorwort

Dieses Buch beschreibt die Nutzung und Programmierung des relationalen Datenbankverwaltungssystems **INFORMIX-SQL**.

Anfänger erhalten einen Leitfaden zum schnellen und problemlosen Einstieg in ein System, das sich in der Welt der Datenbanksysteme bereits einen festen Platz reserviert hat und einer wachsenden Beliebtheit erfreut.

Dem Leser wird im Rahmen des Buches eine praktische Anwendung gegenübergestellt, die zusammen mit den Beispielen Detailfragen in bezug auf die einzelnen Befehle beantwortet.

Seine professionelle Zuständigkeit findet dieses Datenbankverwaltungssystem in besonderem Maße in der aufgenommenen strukturierten Abfragesprache **SQL** (Structured Query Language). SQL geht auf Entwicklungen der Firma IBM zurück und umfaßt ein großes Potential von Anweisungen, mit denen innerhalb der Datenbank ohne großen Zeitaufwand Manipulationen und Recherchen durchgeführt werden können. Besonders hervorzuheben ist die Standardisierung dieser Sprache und die Tatsache, daß bereits mehr als zehn Hersteller von Datenbankverwaltungssystemen **SQL** in ihr System implementiert haben.

Rastede / Neustadtgödens im Juni 1989

Bernd Knebel   Gerhard Postels

Inhaltsverzeichnis

1	**Grundlegendes**		**11**
1.1	Was ist INFORMIX-SQL?		11
1.2	Begriffsdefinitionen		12
1.3	Datenbank-Organisation		14
1.3.1	Hierarchisch strukturierte Datenbanken		14
1.3.2	Relational strukturierte Datenbanken		14
2	**INFORMIX-SQL - Ein erster Einstieg**		**17**
2.1	Hardware-Voraussetzungen und Installation		17
2.2	Das Hauptmenü		18
2.3	Befehlssyntax		22
3	**INFORMIX-SQL - Eine erste Anwendung**		**23**
3.1	Verwalten einer Datenbank		23
3.2	Anlegen einer Tabelle		25
3.3	Datenerfassung		30
3.4	Datenausgabe		36
4	**Korrekturen an der Tabellenstruktur**		**39**
4.1	Hinzufügen von Datensatzfeldern		39
4.2	Löschen von Datensatzfeldern		41
4.3	Ändern von Datensatzfeldern		42
4.4	Der indizierte Zugriff		43
5	**Modifikationen an einer Eingabemaske**		**45**
5.1	Die Standardeingabemaske		45
5.2	Ändern der Standardeingabemaske		47

5.2.1	Abschnitt database	47
5.2.2	Abschnitt screen	47
5.2.3	Abschnitt tables	49
5.2.4	Abschnitt attributes	49
5.2.5	Abschnitt instructions	52
5.2.5.1	Definieren anderer Feldbegrenzer	53
5.2.5.2	Verknüpfen mehrerer Tabellen	53
5.2.5.3	Aufbau von Kontrollblöcken	53
5.2.5.4	Optionen der Kontrollblöcke	54
5.2.5.5	Aktionen der Kontrollblöcke	55
5.3	Übersetzen der Eingabemaske	57

6 Korrekturen am Datenbestand   61

6.1	Suchen von Daten	61
6.2	Ändern von Daten	65

7 Modifikationen an einer Ausgabemaske   67

7.1	Die Standardausgabemaske	67
7.2	Ändern der Standardausgabemaske	69
7.2.1	Abschnitt database	69
7.2.2	Abschnitt define	69
7.2.3	Abschnitt input	71
7.2.4	Abschnitt output	71
7.2.5	Abschnitt select	73
7.2.6	Abschnitt format	73

8 Tabellen-Verknüpfungen   83

8.1	Verwaltung der Artikelstammdaten	83
8.1.1	Tabellenaufbau	84
8.1.2	Eingabemaske	85
8.1.3	Datenbestand	86
8.1.4	Ausgabemaske	87
8.1.5	Ergebnis der Ausgabe	88
8.2	Verwaltung der Auftragseingänge	90
8.2.1	Datensatzstruktur	90
8.2.2	Eingabemaske	91

8.2.3	Datenbestand	95
8.2.4	Ausgabemaske	96
8.2.5	Ergebnis der Ausgabe	99

9 Das Anwendermenü 101

9.1	Aufbau eines Anwendermenüs	102
9.2	Erstellen eines Anwendermenüs	105
9.3	Starten der Menüoberfläche	107

10 Datenbanken befragen mit RDSQL 111

10.1	Was bietet RDSQL ?	111
10.2	Eingabe und Verwaltung von RDSQL-Anweisungen	113
10.3	RDSQL-Anweisungen	115
10.3.1	RDSQL-Anweisungen zum Anlegen von Datenbanken, Tabellen etc.	116
10.3.2	RDSQL-Anweisungen zur Manipulation von Daten	128
10.3.3	RDSQL-Anweisungen für den Zugriff auf Daten	131
10.3.4	RDSQL-Anweisungen für die Integrität der Daten	136
10.3.5	RDSQL-Hilfsanweisungen	141
10.4	Die Select-Anweisung	146
10.4.1	Die SELECT-Bedingung	147
10.4.2	Die FROM-Bedingung	148
10.4.3	Die WHERE-Bedingung	149
10.4.3.1	Der Vereinbarungstyp Vergleich	149
10.4.3.2	Der Vereinbarungstyp Verknüpfung	153
10.4.3.3	Der Vereinbarungstyp Unterabfragen	154
10.4.4	Die GROUP BY-Bedingung	156
10.4.5	Die HAVING-Bedingung	157
10.4.6	Die ORDER BY-Bedingung	158
10.4.7	Die INTO TEMP-Bedingung	159
10.5	Der UNION-Operator und die Datumsfunktionen	160
10.5.1	Der UNION-Operator	160
10.5.2	Die Datumsfunktionen	161

Anhang A : Voreinstellungen und Umgebungsvariablen 165

A.1	Betriebssystem MS-DOS	165
A.2	Betriebssystem UNIX	166

Anhang B : Kenndaten von INFORMIX-SQL 167

Anhang C : Aufruf der Programme vom Betriebssystem   168

C.1	Übersetzen einer Eingabemaske	168
C.2	Starten einer Eingabemaske	169
C.3	Übersetzen einer Ausgabemaske	169
C.4	Starten einer Ausgabemaske	169
C.5	Starten einer Menüoberfläche	170

Anhang D : Systemtabellen   171

Anhang E : Weitere Attribute bei der Eingabemaske   172

Anhang F : Weitere Anweisungen bei der Ausgabemaske   175

Stichwortverzeichnis   179

1 Grundlegendes

1.1 Was ist INFORMIX-SQL?

INFORMIX-SQL ist ein relationales Datenbanksystem mit einer komfortablen Entwicklungs- und Anwenderumgebung, das ein benutzungssicheres Menüsystems enthält. Es kann in Abhängigkeit von der verwendeten Hardware beliebig große Datenbestände verwalten. Mit der von **IBM** (International **B**usiness **M**achines) entwickelten Abfragesprache **SQL**[1] (**S**tructured **Q**uery **L**anguage) lassen sich schnell und einfach Abfragen an die Datenbank formulieren.

Es handelt sich bei INFORMIX-SQL um ein Produkt der Informix Software Inc. Es ist vollständig in der Programmiersprache C geschrieben und seit 1984 im Handel. Inzwischen läuft es unter mehreren Betriebssystemen, wie z. B. VMS, MVS, MS-DOS, OS/2 oder UNIX (bzw. dessen Derivaten), und kann unter verschiedenen Netzwerk-Betriebssystemen eingesetzt werden.

Obwohl dieses Datenbanksystem in seiner Grundversion bereits einen umfangreichen Einsatzbereich abdeckt, besteht zusätzlich die Möglichkeit, durch Systemerweiterungen Schnittstellen zu schaffen, wie z. B.

- zu den Programmiersprachen C, COBOL und ADA,

- zu Textverarbeitungsprogrammen und

- zu Programmiersprachen der 4. Generation (INFORMIX-4GL).

INFORMIX-SQL setzt sich aus mehreren Modulen (=Programmen) zusammen, die entweder interaktiv oder im Dialog aufrufbar sind und folgende Grundfunktionen realisieren:

- Erstellen von Datenbanken und Tabellen,

---

[1] Weitere Informationen zur Datenbankabfragesprache SQL kann man auch dem folgenden Buch entnehmen:
Gerhard Postels: SQL-Strukturiertes Abfragen unter Informix, Oracle und dBASE; Hüthig Buch Verlag GmbH; Heidelberg

- Entwerfen von Bildschirmmasken,

- Eingabe und Veränderung von Daten (jeweils mit gleichzeitiger Datenprüfung unter Verwendung der Bildschirmmasken,

- Selektieren von Daten (= Datenauswahl) mittels der Bildschirmmasken und

- Ausgabe der Daten in Form von Listen.

1.2 Begriffsdefinitionen

Im Verlauf dieses Buches werden häufig Begriffe wie **Tabelle**, **Datenbank** und **Datenbanksystem** verwendet. Es ist daher wichtig, zunächst einmal diese Begriffe zu erläutern.

Unter einer Tabelle versteht man nichts anderes als eine Datei. Eine Datei weist einen mehr oder weniger großen Datenbestand auf und setzt sich aus mehreren Datensätzen zusammen; diese wiederum aus mehreren Datensatzfeldern. Am besten erklärt man sich eine Datei, wenn man diese mit einer normalen Kartei vergleicht. Dabei entsprechen sämtliche Karteikarten einer Datei, sämtliche Einträge auf einer Karteikarte einem Datensatz und jeder einzelne Eintrag auf einer Karteikarte einem Datensatzfeld.

Ein Datenbanksystem setzt sich aus den beiden Komponenten Datenbank und Datenbanksoftware zusammen.

Ganz allgemein versteht man unter einer Datenbank das Vorhandensein eines sehr großen Datenbestands, der in e i n e r oder m e h r e r e n Dateien gespeichert ist.

Bei der Datenbanksoftware handelt es sich um Programme, mit denen eine Verwaltung der Datenbestände, wie z.B. Erfassen, Korrigieren oder Löschen von Daten, betrieben werden kann.

Das nachstehende Schaubild verdeutlicht noch einmal den vorab angesprochenen Sachverhalt:

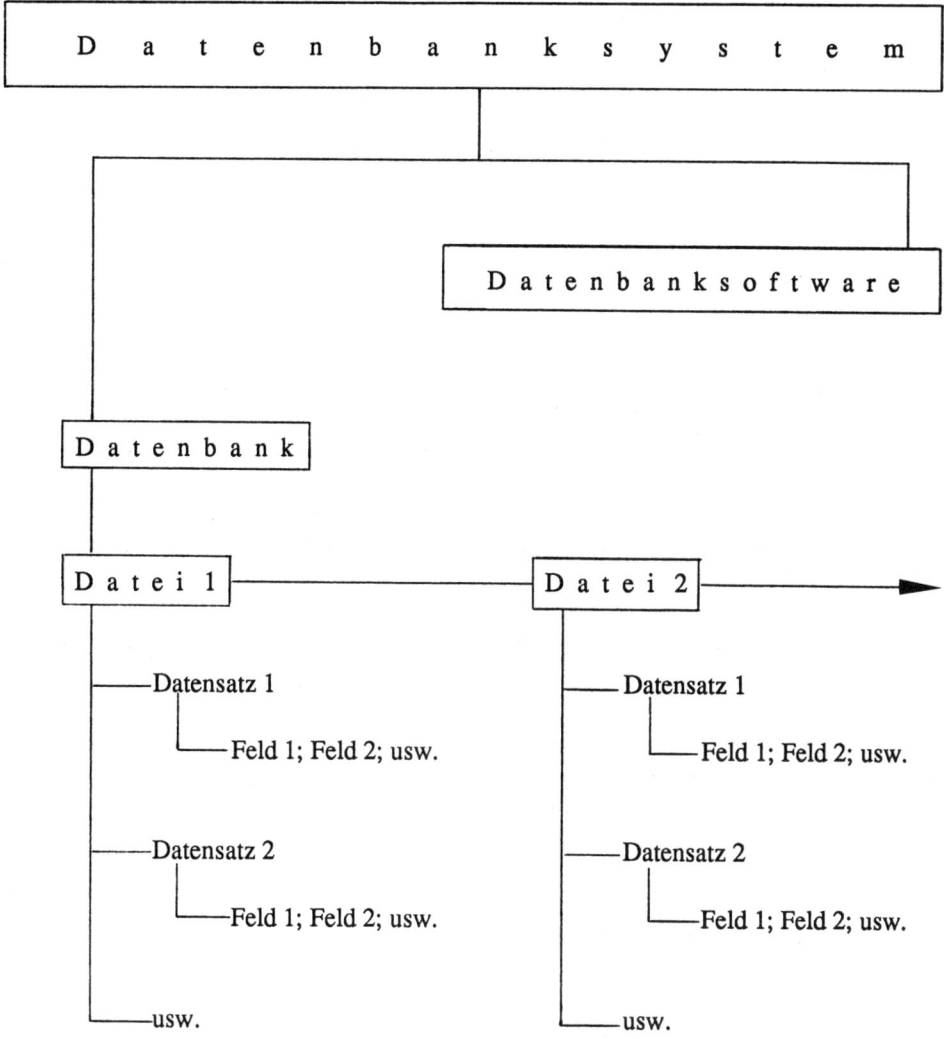

1.3 Datenbank-Organisation

Bei den in der Praxis eingesetzten Datenbanksystemen haben sich

die h i e r a r c h i s c h e und

die r e l a t i o n a l e

Struktur als bedeutende Organisationsformen durchgesetzt.

1.3.1 Hierarchisch strukturierte Datenbanken

Hierarchische Datenbanken weisen Datenbestände auf, die durch ein systematisch angelegtes Wegesystem miteinander verknüpft sind. Als Organisationsform ist einer hierarchisch strukturierten Datenbank die Stufenform zugrundegelegt. Man spricht deshalb auch häufig von der sog. Baumstruktur. Datenbanken dieses Typs liefern zu jedem Begriff untergeordnete Begriffe, die wiederum jeweils diverse gespeicherte Angaben aufweisen. Als Beispiele lassen sich die Artikel mit ihren Kenndaten oder die Lieferanten mit ihrem Liefersortiment anführen.

Abfragen an eine solche Datenbank müssen sich stets an die vorgegebene Struktur halten und sich von Begriff zu Begriff bzw. von Datenebene zu Datenebene hinabtasten, bis die gewünschte Ebene erreicht ist. Auf jeder Ebene wird dem Anwender lediglich ein Teilbereich (=sog. Benutzersicht) der gesamten Datenbank präsentiert. Durch die Vergabe von Benutzerberechtigungen bzw. Sperrvermerke kann dem Anwender der Zugriff auf bestimmte Wege versperrt bzw. eingeräumt werden.

1.3.2 Relational strukturierte Datenbanken

Da es sich bei INFORMIX-SQL um ein relationales Datenbanksystem handelt, wollen wir an dieser Stelle etwas ausführlicher auf derartige Systeme eingehen. Die ersten publizierten Arbeiten zum Thema "Relationale Datenbanken" gehen auf den IBM-Mitarbeiter Dr. E. F. Codd zurück, der Ende der 60er Jahre die grundlegenden Elemente eines relationalen Systems vorstellte.

Als grundlegendes Element betrachtete er und betrachten wir auch heute noch die sog. Tabelle, die Informationen in übersichtlicher Form bereitstellt. Die Anordnung der Datenbestände und der schnelle gezielte Zugriff auf die Tabelle wird durch die Tabellen-Struktur, nämlich durch das Vorliegen von Spalten und Zeilen, sichergestellt. Hierbei stellt jede Spalte ein Kriterium dar und jede Zeile weist reale Werte auf, die den jeweiligen Spalten zugeordnet sind. Im Rückgriff auf die bereits erörterten Begriffe Datensatz und Datensatzfeld, ist jede Zeile einer Tabelle als Datensatz und jede Spalte als Datensatzfeld zu betrachten. Die modellhafte Darstellung

D a t e n s a t z f e l d e r

Kd-Nr.	Nachname	Vorname	Straße	Wohnort	
000001	Meier	Horst	Meierstr. 4	2000 Hamburg 1	◄ D a t e n -
000002	Müller	Walter	Müllerweg 2	1000 Berlin 23	◄
000003	Martens	Dieter	Mozartweg 1	8000 München 7	◄ S ä t z e

verdeutlicht diesen Sachverhalt noch einmal. Der Zugriff auf eine Tabelle erfolgt stets über die einzelnen Zeilen (in Bezug auf die obige Darstellung z. B. über die Kundennummern 000001 bis 000003). In einer Tabelle entspricht die Anzahl der Eingänge der Anzahl der Zeilen. Weiterhin hat jede Tabellenspalte eine Überschrift, wie z. B. Kd-Nr. oder Nachname. Diese sind notwendig, um eine eindeutige Bestimmung der einzelnen Datensatzfelder vornehmen zu können.

2 INFORMIX-SQL - Ein erster Einstieg

2.1 Hardware-Voraussetzungen und Installation

Zunächst wollen wir auf die Anforderungen an die Hardware hinweisen.
Damit INFORMIX-SQL erfolgreich eingesetzt werden kann, sollte die verwendete Hardware folgende Mindest-Konfiguration erfüllen:

- Unter den Betriebssystemen MS-DOS und Novell Advanced Netware ist ein Personal Computer mit einem Arbeitsspeicher von mind. 640 KByte und einer Festplatte zu empfehlen.

- In bezug auf das Betriebssystem UNIX (bzw. dessen Derivate) gelten die gleichen Empfehlungen. Allerdings ist die Größe des Arbeitsspeichers abhängig von der Anzahl der Benutzer, die zur gleichen Zeit mit INFORMIX-SQL arbeiten. Sinnvoll wäre ein Arbeitsspeicher von 1 MByte je Benutzer.

Wir haben INFORMIX-SQL (Version 2.10) unter den Betriebssystemen MS-DOS und Novell Advanced Netware getestet. Hierbei standen ein IBM-AT, ein Olivetti M28 und ein IBM-PS/2-System (Modell 80) zur Verfügung. Zusätzlich fand ein Test unter dem Betriebssystem SCO-XENIX 286 auf einem PCD-2T der Firma Siemens statt.

Im weiteren Verlauf des Buches sprechen wir nur noch von MS-DOS und meinen damit sowohl MS-DOS als auch Novell Advanced Netware. Desweiteren verwenden wir für UNIX und seine Derivate nur noch die Bezeichnung UNIX.

Da das Buch durch praktische Beispiele bzw. Anwendungen unterstützt wird, setzen wir voraus, daß INFORMIX-SQL in installierter Form vorliegt, und daß der Anwender

Zugriffsrechte und entsprechende Umgebungsvariablen

eingeräumt bzw. gesetzt bekommen hat. Die Zugriffsrechte berechtigen den Anwender zu einer grundsätzlichen Nutzung des Systems. Das Setzen der Umgebungsvariablen führt zu einer besseren Handhabung der Software. Liegt das System in nichtinstallierter Form vor, so erhält man zum Zweck der Installation Unterstützung aus den Original-Handbüchern.

Unter dem Betriebssystem MS-DOS erfolgt das Setzen der Umgebungsvariablen zum einen in der BATCH-Datei **AUTOEXEC.BAT** und zum anderen in der Systemdatei **CONFIG.SYS**. UNIX stellt hierfür die Dateien **.profile** und **.login** bereit.

Dem Anhang A kann man die von uns verwendeten Voreinstellungen entnehmen.

2.2 Das Hauptmenü

Um INFORMIX-SQL zu starten, ist auf der Ebene des Betriebssystems der Befehl

    ISQL

zu erteilen. Unmittelbar darauf erscheint auf dem Bildschirm das **Hauptmenü** des Datenbanksystems:

```
INFORMIX-SQL: Form Report Query-Language User-menu Database Table Exit
Run, Modify, Create, or Drop a form.
------------------------------------------------ Press CTRL-W for Help --------
```

Das Hauptmenü ist die Basis (bzw. der Ausgangspunkt) sämtlicher INFORMIX-SQL-Anwendungen.
Findet eine Arbeitssitzung unter dem Betriebssystem MS-DOS statt, so ist vor dem eigentlichen Start (=ISQL) die Datei

    STARTSQL

aufzurufen. Sie bewirkt, daß das Datenbanksystem einigen Voreinstellungen unterworfen wird, die in bezug auf die vorab angeführten Betriebssysteme u n b e d i n g t durchzuführen sind. Dieses Startprogramm bleibt auch nach der Rückkehr zum Betriebssystem resident im Arbeitsspeicher.
In der Praxis finden sowohl englische als auch deutsche INFORMIX-SQL-Versionen ihren Einsatz. Da man bisher überwiegend englische Versionen installiert hat, haben wir uns dazu entschlossen, im Rahmen der Erläuterungen auf die englischen Menübilder zurückzugreifen. An den Stellen, wo wir es für bedeutend erachten, haben wir die deutschen Funktions-Begriffe den englischen in Klammern nachgestellt.

Das zuvor abgebildete Hauptmenü weist drei Zeilen auf. Bei der ersten Zeile handelt es sich um die **Funktionszeile**, die sämtliche Hauptmenü-Funktionen in übersichtlicher Form wiedergibt. Die momentan aktuelle Funktion (=Form) ist optisch (=invers) hervorgehoben. Die zweite Zeile ist die **Informationszeile**. Sie gibt eine kurze Beschreibung der momentan aktuellen Funktion wieder. Mit der dritten Zeile (=gestrichelte Linie), der **Trennungszeile**, zeigt das System dem Anwender an, wie er im Bedarfsfall Hilfeleistungen bekommen kann, und zwar durch das Betätigen der Tastenkombination **CTRL-W**.

Unter MS-DOS entspricht diese Tastenkombination zusätzlich der Funktionstaste **F1**. Die Hilfestellungen umfassen eine Informationsausgabe, die sich auf die aktuelle Funktion bezieht. Dabei kann es sich sowohl um eine Funktion des Hauptmenüs als auch um eine der Untermenüs handeln. In der Trennungslinie wird ferner der Name der aktuellen Datenbank angezeigt, sofern diese aktiviert ist.

Im Rahmen des Hauptmenüs stellt das System dem Anwender folgende Funktionen zur Verfügung, hinter denen sich weitere Menüs verbergen:

Form (Maske)

faßt alles zusammen, was mit der Verwaltung des Datenbestands, also dem Eingeben, Korrigieren und Löschen von Daten, zusammenhängt. Zur Unterstützung der Verwaltungstätigkeiten lassen sich Bildschirmmasken erstellen oder schon vorhandene korrigieren.

Report (Liste)

ermöglicht das Zusammenstellen von einfachen bis komplizierten Listen, deren Ausgabe über den Bildschirm, über den Drucker oder in eine separate Datei erfolgen kann. Die Daten stammen aus der zuvor vereinbarten Datenbank und werden mit Hilfe der Datenbankabfragesprache **SQL** zu Listen zusammengefaßt.

Query-Language (RDSQL)

bewirkt ein direktes Arbeiten mit der Datenbankabfragesprache **RDSQL**. Sämtliche Anweisungen sind direkt einzugeben, da keine Bildschirmmasken zur Verfügung stehen. Dieses setzt voraus, daß der Anwender die erforderlichen Befehle kennt. Die beiden Buchstaben **R** und **D** stehen als Abkürzung für **R**elationale **D**atenbank.

User-menu (Anwendermenü)

erlaubt dem Anwender, eigene Benutzeroberflächen zu erzeugen.

Database (Datenbank)

führt zum Anlegen, Auswählen oder Löschen einer Datenbank.

Table (Tabelle)

ermöglicht es dem Anwender, eine neue Tabelle, einschließlich der dazugehörigen Datensatzstruktur, zu vereinbaren. Weiterhin kann man über diese Funktion bestehende Tabellen löschen oder modifizieren.

Exit (Ende)

beendet die Arbeit mit INFORMIX-SQL und kehrt zur Ebene des Betriebssystems zurück.

Wie wählt man eine Menüfunktion aus?

Grundsätzlich hat der Bediener d r e i   Möglichkeiten zum Aufruf einer Menüfunktion. Durch Betätigen der

Leertaste

wird der Cursor von einem Funktionsnamen zum anderen bewegt. Nach jedem Sprung blendet das System innerhalb der Informationszeile die Möglichkeiten in zusammenfassender Form ein, die dem Anwender im Rahmen der angewählten Funktion zur Verfügung stehen. Wählt der Bediener über die letzte Funktion (also die Funktion in der Menüliste ganz rechts) hinaus, so findet eine erneute Positionierung des Cursors auf die erste Funktion (also die Funktion in der Menüliste ganz links) statt. Neben der vorab beschriebenen Leertaste bewirken die

Cursorsteuerungstasten links (←) und rechts (→)

ebenfalls ein Ansteuern der gewünschten Funktion. Lediglich besteht hier der Vorteil, mit der Taste ← ein Auswählen in entgegengesetzter Richtung durchführen zu können.

Zwar wird mit der Leertaste und den Cursorsteuerungstasten die entsprechende Funktion angesteuert, aber noch nicht aktiviert. Dieses geschieht erst durch das anschließende Betätigen der RETURN-Taste [1]).

---

1) Auf vielen Tastaturen weist die Taste die Aufschrift **ENTER** oder ↵ auf.

INFORMIX-SQL - Ein erster Einstieg

Der schnellste und einfachste Weg, eine Menüfunktion zu aktivieren, besteht mit der

Eingabe des Anfangsbuchstabens

der gewünschten Funktion. Hierbei ist auf der Tastatur lediglich die entsprechende Taste (=Buchstabe) zu drücken, wonach das System den Befehl unverzüglich ausführt.

Wie beendet man eine INFORMIX-SQL-Arbeitssitzung?

Wie bereits bekannt, erfolgt der Ausstieg aus den INFORMIX-SQL-Anwendungen über das Hauptmenü, und zwar mit der Funktion

    Exit (Ende) .

Befindet sich der Anwender nicht auf der Ebene des Hauptmenüs, sondern auf einer Untermenü-Ebene, so muß er zunächst zum Hauptmenü zurückkehren. Dies geschieht ebenfalls mit der Funktion

    Exit (Ende) .

Weist eine Ebene die vorstehende Funktion nicht auf, so läßt sich der Rücksprung unter dem DOS-Betriebssystem mit den Tastenkombinationen

CTRL C   oder   **CTRL BREAK**

bewirken und unter UNIX entweder mit der

DELETE-Taste   oder mit der Tastenkombination   **CTRL BREAK**.

Ein direkter Ausstieg in das Betriebssystem aus einem Untermenü ist nicht möglich. Hat der Anwender INFORMIX-SQL verlassen und somit die Ebene des Betriebssystems erreicht, hat er noch zu beachten, daß beim Betriebssystem MS-DOS das Datenbank-Startprogramm noch resident im Speicher steht. Der Befehl

    Exit

bewirkt nun das Löschen des Startprogramms und somit die Freigabe von ca. 200 kByte Arbeitsspeicher.

2.3 Befehlssyntax

Innerhalb dieses Buches sind die Befehle nach einem einheitlichen Prinzip dargestellt. Dieses Prinzip entspricht der heute üblichen Darstellungsform (=Syntax).
Bevor die Syntax vorgestellt wird, möchten wir darauf hinweisen, daß im weiteren Verlauf zum einen die Begriffe

Befehl, Kommando und **Anweisung**

und zum anderen die Begriffe

Tabelle und **Datei**

als Synonyme betrachtet werden.

ABC   In Großbuchstaben geschriebene Begriffe sind **Schlüsselwörter**. Sie sind wie gezeigt einzugeben. Parameter oder Argumente kann man anhängen.

         Beispiel :   ISQL

< >   Wörter, die durch spitze Klammern eingegrenzt sind, stellen variable Parameter dar, die von dem Benutzer durch eigene Angaben auszutauschen sind.

         Beispiel :   CREATE DATABASE <datenbank>

[ ]   In eckigen Klammern stehende Zeichenfolgen oder Begriffe sind nur bei Bedarf einzugeben. Es handelt sich hierbei um optionale Befehlsparameter. Die Klammern selbst darf man nicht mit eingeben.

         Beispiel :   ISQL [<datenbankname>]

{ }   Sind mehrere Parameter, die durch einen senkrechten Strich voneinander getrennt sind, von einer geschweiften Klammer eingeschlossen, so muß einer der Parameter angegeben werden (Beispiel siehe nächste Beschreibung).

| Begriffe, die durch vertikale Striche voneinander getrennt sind, stellen alternative Eingaben dar.

         Beispiel :   SFORMBLD [-S] {<dateiname> I -D}

3 INFORMIX-SQL - Eine erste Anwendung

3.1 Verwalten einer Datenbank

Wir wollen uns zunächst mit der Vorgehensweise bei der Erstellung bzw. Aktivierung einer Datenbank beschäftigen. Zu diesem Zweck ist im INFORMIX-SQL-Hauptmenü die Option **Database** zu aktivieren, woraufhin das Untermenü

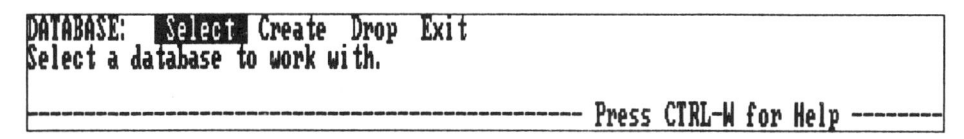

```
DATABASE:  Select  Create  Drop  Exit
Select a database to work with.
------------------------------------------ Press CTRL-W for Help --------
```

erscheint. Dieses verfügt über vier Optionen mit folgender Bedeutung:

- **Select**   Auswählen einer bestehenden Datenbank
- **Create**   Anlegen einer neuen Datenbank
- **Drop**   Löschen einer bestehenden Datenbank
- **Exit**   Rücksprung zum INFORMIX-SQL-Hauptmenü

Die Erstellung einer neuen Datenbank erfolgt durch das Aktivieren der Option

    Create.

Unmittelbar danach verlangt das System mit der Meldung

```
CREATE DATABASE >>
Enter the name you want to assign to the new database, then press Return.
------------------------------------------ Press CTRL-W for Help --------
```

die Eingabe eines Namens für die zu erstellende Datenbank. Bei der Namensvergabe sind folgende Punkte unbedingt zu beachten:

1. Es dürfen keine Wörter verwendet werden, die für INFORMIX-SQL reserviert sind, da ihnen in ihrer Eigenschaft eine besondere Bedeutung zukommt. Reservierte Wörter sind zum Beispiel create, date, database oder load.

2. Ein Datenbankname darf sich beim Betriebssystem MS-DOS aus maximal 8 und beim Betriebssystem UNIX aus maximal 10 Zeichen zusammensetzen.

3. Bei der Namensvergabe darf man alle Buchstaben (aber keine Umlaute und kein β), Ziffern und das Unterstreichungszeichen "_" verwenden, wobei lediglich das erste Zeichen ein Buchstabe sein muß. Unter MS-DOS kann der Anwender die Groß- und Kleinschrift vernachlässigen. Kleine Buchstaben werden automatisch in große umgewandelt. UNIX hingegen unterscheidet zwischen groß- und kleingeschriebenen Buchstaben!

4. INFORMIX-SQL läßt einen bereits existierenden Namen nicht zu. Der Bediener wird mit einer entsprechenden Fehlermeldung darauf aufmerksam gemacht.

Im weiteren Verlauf des Buches wird schrittweise eine praktische Anwendung erarbeitet, die in bestehender oder modifizierter Form Teilaufgaben innerhalb der Materialwirtschaft eines Unternehmens übernehmen kann. Diese Anwendung erfordert eine Datenbank namens **lager** und innerhalb dieser Datenbank die vier Tabellen **kunden**, **artikel**, **grunddaten** und **positionen**. Zu diesem Zweck erstellen wir zunächst die Datenbank, indem wir im Rahmen der Namensvergabe den Namen

lager

vereinbaren. Das System legt daraufhin einen **Datenbankkatalog** (=Unterverzeichnis) an. In diesem Katalog werden 18 Systemdateien erstellt; diese haben in jeder Datenbank die gleichen Namen und erfüllen eine Art "Protokollfunktion" (siehe auch Anhang D).

Unter Einsatz des Betriebssystems MS-DOS erhält der Datenbankname als Zusatz die Kennung **.DBS** und unter UNIX die Kennung **.dbs**, so daß im Rahmen unserer praktischen Anwendung entweder der Datenbankkatalog

LAGER.DBS (unter MS-DOS)   oder   **lager.dbs** (unter UNIX)

besteht.

Durch das Einblenden des Datenbanknamens im vorderen Drittel der Trennungslinie macht das System deutlich, das es die Datenbank angelegt hat. Der Anwender befindet sich wieder innerhalb des **Database**-Menüs und kann mit der Option **Exit** zum INFORMIX-SQL-Hauptmenü zurückkehren.

INFORMIX-SQL - Eine erste Anwendung 25

Eine parallele Bearbeitung mehrerer Datenbanken ist mit INFORMIX-SQL nicht möglich. Sind Tätigkeiten in einer anderen Datenbank durchzuführen, so ist diese zunächst mit der Option **Select** im **Database**-Untermenü auszuwählen.

3.2 Anlegen einer Tabelle

Jeder Datenbank sind Tabellen (=Dateien) zuzuordnen. Es ist also erforderlich, nach dem Anlegen einer Datenbank in einem nächsten Arbeitsgang die dazugehörigen Tabellen zu erstellen. Die erstellte Tabelle wird stets der aktuellen Datenbank zugewiesen.
INFORMIX-SQL gestattet es dem Anwender, eine unbegrenzte Anzahl von Tabellen anzulegen, wobei natürlich die Leistungsgrenzen des eingesetzten Computer-Systems und insbesondere der verwendeten Speichermedien zu berücksichtigen sind.

Das Aktivieren der Funktion **Table** des INFORMIX-SQL-Hauptmenüs führt zur Anzeige des **Table**-Untermenüs :

```
TABLE: Create Alter Info Drop Exit
Create a new table.
----------------------- lager ------------------ Press CTRL-W for Help --------
```

Dieses verfügt über 5 Optionen mit folgender Bedeutung :

- **Create**   Anlegen einer neuen Tabelle
- **Alter**   Verändern einer Tabellenstruktur
- **Info**   Informationen über die Struktur einer Tabelle
- **Drop**   Löschen einer Tabelle
- **Exit**   Rücksprung zum INFORMIX-SQL-Hauptmenü

Zum Erstellen einer neuen Tabelle bietet das Untermenü **Table** die Funktion **Create**. Ruft man diese Funktion auf, kommt es im Rahmen der Meldung

```
CREATE TABLE >>
Enter the table name you wish to create with the schema editor.
----------------------- lager ------------------ Press CTRL-W for Help --------
```

zu der Aufforderung, einen Namen für die neue Tabelle zu vereinbaren.

Anders als beim Datenbanknamen kann der Anwender für die Vergabe eines Tabellennamens max. 18 Zeichen eingeben. Bei der Wiedergabe des Tabellennamens auf der Betriebssystem-Ebene berücksichtigt MS-DOS lediglich die ersten 8 Zeichen des Namens und UNIX lediglich die ersten 10 Zeichen. Ferner wird, ausgehend mit der Zahl 100, jeder Tabelle eine eindeutige Nummer zugewiesen. Konkret bedeutet dies, daß sich der Name einer Tabelle auf der Ebene des Betriebssystems nunmehr aus den ersten 5 Zeichen (bei MS-DOS) bzw. 7 Zeichen (bei UNIX) des vereinbarten Tabellennamens zuzüglich der eindeutigen Nummer (= 3 Ziffern) zusammensetzt. Desweiteren hat sich der Benutzer an die Richtlinien zu halten, die eingangs schon bei der Vergabe eines Datenbanknamens angeführt wurden.

Im Rahmen unserer praktischen Anwendung vereinbaren wir für die Kundenstammdatei den Namen **kunden**. Unmittelbar danach gibt das System das folgende Menü auf dem Bildschirm aus:

```
CREATE TABLE kunden :  Add  Modify  Drop  Screen  Exit
Adds columns to the table above the line with the highlight.
----- Page 1 of 1 ----- lager ------------------ Press CTRL-W for Help -------

Column Name                   Type           Length   Index   Nulls
```

Dem Menübild ist in der ersten Zeile der Name der neu anzulegenden Tabelle (**kunden**) und in der Trennungslinie der Name der aktivierten Datenbank (**lager**) zu entnehmen. Die Struktur der Tabelle ist nun festzulegen. Jede Zeile auf dem Bildschirm entspricht einer Spalte der Tabelle. Pro Zeile lassen sich 5 Kriterien vereinbaren.

Um nun mit dem Benennen der einzelnen Spalten fortzufahren, ist aus dem vorstehenden Menü die Funktion **Add** auszuwählen. Dies geschieht mit Hilfe der Leertaste oder dem Anfangsbuchstaben der gewünschten Funktion. Im unteren Teil (Kriterien-Teil) kann der Cursor nur mit den Cursorsteuerungstasten bewegt werden.

Die fünf Kriterien einer Spalte

Kriterium 1: Column Name (Spaltenname)

Bei der Festlegung eines Spaltennamens gelten dieselben Richtlinien wie bei der Vergabe eines Tabellennamens (max. 18 Zeichen, keine Umlaute, kein ß). Allerdings vergibt das

INFORMIX-SQL - Eine erste Anwendung

System immer eindeutige Nummern! Ferner muß der Spaltenname eindeutig sein. Wird versehentlich ein bereits erteilter Name eingegeben, so ignoriert das System diesen und macht durch eine entsprechende Systemmeldung darauf aufmerksam. Der Spaltenname wird in Kleinbuchstaben umgewandelt.

Kriterium 2: Type

Nach der Eingabe des Spaltennamens wird automatisch die Definition des Datentyps verlangt. Im Kopfbereich des Bildschirms erscheint das Menü **Type**

```
ADD TYPE kunden :  Char  Numeric  Serial  Date  Money
Permits any combination of letters, numbers, and symbols.
```

und fordert dazu auf, den entsprechenden Datentyp anzugeben.

a. Char

 vereinbart, daß jede gewünschte Kombination von Zeichen (Buchstaben, Ziffern, Symbole) verwendet werden kann.

b. Numeric

 vereinbart einen bestimmten numerischen Datentyp. Hat der Bediener als Typ **Numeric** angewählt, zeigt das System in der Kopfzeile eine Übersicht der 5 verschiedenen numerischen Datentypen, aus der ein Datentyp auszuwählen ist. Folgende Datentypen zur Darstellung von Zahlen stehen zur Auswahl:

 Integer

 umfaßt alle ganzen Zahlen von -2.147.483.647 bis +2.147.483.647.

 Smallint

 umfaßt alle ganzen Zahlen von -32.767 bis +32.767.

 Decimal

 führt zu der Möglichkeit, ein Datenfeld so aufzubereiten, daß es eine definierbare Anzahl von Vor- und Nachkommastellen aufnehmen kann. Maximal lassen sich 32 signifikante Stellen vereinbaren.

Float

Speicherung binärer Gleitkommazahlen mit max. 14 signifikanten Ziffern.

Smallfloat

Speicherung binärer Gleitkommazahlen mit max. 7 signifikanten Ziffern.

c. Serial

weist das System an, für jeden neu eingegebenen Datensatz eine fortlaufende Nummer zu vergeben. Um die Eindeutigkeit der fortlaufenden Nummern zu gewährleisten, ist es nicht möglich, diese später zu verändern. Zudem kann man nur eine Serial-Spalte pro Tabelle anlegen. Beim Löschen eines Datensatzes stellt Serial sicher, daß dieser zwar gelöscht wird, aber unter der fortlaufenden Nummer ein entsprechender "Freiraum" (in Form eines "leeren" Datensatzes) bestehen bleibt.

d. Date

deklariert eine Datumsspalte. Ohne die Umgebungsvariable **DBDATE** gilt das amerikanische Datumsformat (MM/DD/YYYY).

e. Money

wird dann verwendet, wenn Geldbeträge zu speichern sind. Es handelt sich hierbei um eine Sonderform von Decimal.

Kriterium 3: Length

Beim Datentyp Char entspricht die Länge der Anzahl der Zeichen, die in der Spalte gespeichert werden können. Standardmäßig gibt das System eine Länge von 20 Zeichen vor. Maximal ist eine Länge von 32767 Zeichen zulässig. Bei den Datentypen Decimal wird zunächst nach der Gesamtzahl der Stellen und anschließend nach der Anzahl der Nachkommastellen gefragt. Beim Datentyp Serial kann an dieser Stelle die Anfangszahl bestimmt werden. Standardmäßig beginnt die Zählung bei Null.

Kriterium 4: Index

Unter Abschnitt 4.4 - Der indizierte Zugriff - befassen wir uns noch ausführlich mit dem

Index. Sie sollten sich an dieser Stelle lediglich merken, daß man im Rahmen der Spaltenbeschreibung eine Indexdatei anlegen kann und unter dieser eine Art Inhaltsverzeichnis versteht.

Kriterium 5: Nulls

Der Bediener kann festlegen, ob in einer Spalte ein Wert eingegeben werden muß (NO) oder nicht (YES).

Hat man die Definition einer Spalte abgeschlossen, kehrt das System zum Kriterium 1 (=Spaltenname) zurück und erwartet die Eingabe der nächsten Spalte. Wir wollen nun auf unsere praktische Anwendung zurückkommen und mit dem Anlegen der Tabelle für die Kundenstammdaten fortfahren. Zu diesem Zweck sind die folgenden Vereinbarungen zu treffen :

```
┌──── Page 1 of 1 ──── LAGER ──────────── Press CTRL-W for Help ────────┐
│ Column Name              Type           Length   Index   Nulls         │
│ kundennummer             Integer                         Yes           │
│ name                     Char           20               Yes           │
│ vorname                  Char           20               Yes           │
│ strasse                  Char           20               Yes           │
│ postleitzahl             Char            6               Yes           │
│ ort                      Char           20               Yes           │
└────────────────────────────────────────────────────────────────────────┘
```

Nach dem Erfassen sämtlicher Spalten ist der Arbeitsgang mit der Option **Exit** zu beenden. Es erscheint das **Exit**-Menü:

```
EXIT kunden : Build-new-table  Discard-new-table
Builds a new table and returns to the Table Menu.
```

Hier muß man dem System abschließend mitteilen, ob es die zuvor aufbereitete Tabelle, einschließlich der vereinbarten Spaltendefinitionen, erstellen soll oder nicht. Die Funktion

      Build-new-table

führt zum Anlegen der Tabelle. Hierbei werden in demselben Katalog, der bei der Erstellung der aktuellen Datenbank angelegt wurde, zwei Tabellen erzeugt. Unter Einsatz von MS-DOS erhalten sie die Kennungen **.DAT** und **.IDX** und unter UNIX die Kennung **.dat** und **.idx**. Wählt der Bediener im **Exit**-Menü die Funktion

> **Discard-new-table**,

so läßt das System sämtliche zuvor an der Tabelle vorgenommenen Arbeiten unberücksichtigt.

In beiden Fällen kehrt man zurück zum **Table**-Menü, vom dem aus man mit der Option **Exit** zum INFORMIX-SQL-Hauptmenü zurückkehren kann.

3.3 Datenerfassung

Für die Eingabe von Daten in die Datenbank wird eine sogenannte Bildschirmmaske verwendet. Diese Bildschirmmaske ist vergleichbar mit einem Formulär. Ebenso wie ein Formular enthält sie Leerräume, die der Anwender teils ausfüllen kann und teils ausfüllen muß. Die Leerräume einer Bildschirmmaske nennt man Felder bzw. Eingabefelder, die durch eckige Klammern, den sogenannten Begrenzern, bestimmt werden. Darüber hinaus läßt sich den Begrenzern die Länge eines Eingabefeldes entnehmen.

Die Erfassung bzw. Verwaltung der Daten erfolgt im Rahmen des Untermenüs **Form**. Es wird - wie bereits bekannt - aus dem Hauptmenü mit der Funktion **Form** aufgerufen.

Es verfügt über 7 Optionen, mit folgender Bedeutung :

- **Run**   Starten einer Bildschirmmaske
- **Modify**   Ändern einer Bildschirmmaske
- **Generate**   Erzeugen einer Bildschirmmaske
- **New**   Erstellen einer neuen Bildschimmaske
- **Compile**   Übersetzen einer Bildschirmmaske
- **Drop**   Löschen einer Bildschirmmaske
- **Exit**   Rücksprung zum INFORMIX-SQL-Hauptmenü

Bevor Sie Daten eingeben können, ist zunächst eine Eingabemaske zu erstellen. Eine einfache Methode ist es, dies dem Rechner zu überlassen.

Man erstellt eine Eingabemaske mit der Option **Generate**, indem man diese aktiviert und die Systemabfrage

```
GENERATE FORM >>
Enter the name you want to assign to the form, then press Return.
------------------------ lager ------------------ Press CTRL-W for Help --------
```

mit der Vergabe eines Namens für die Bildschirmmaske beantwortet. Sollte im Vorfeld noch keine Datenbank aktiviert worden sein (s.a. Trennungslinie), fragt das System zunächst nach dem Datenbanknamen und erst in einem zweiten Schritt nach dem Namen der Eingabemaske.

In bezug auf unsere praktische Anwendung wollen wir für die Tabelle **kunden** eine Eingabemaske namens **f_kunden** vereinbaren. Ist dies geschehen, fragt das System mit der Meldung

```
CHOOSE TABLE >>
Choose the table to be used in the default form.
------------------------ lager ------------------ Press CTRL-W for Help --------
kunden
```

nach dem Namen der Tabelle, für die die Maske erstellt werden soll. Vereinbaren Sie die Tabelle **kunden**, und wählen aus der daraufhin angezeigten Systemabfrage

```
GENERATE FORM:  Table-selection-complete  Select-more-tables  Exit
Continue creating a default form with the selected tables.
------------------------ lager ------------------ Press CTRL-W for Help --------
```

die Option **Table-selection-complete**, um eine Übersetzung der Maske zu veranlassen.

Die Meldung

> **The screen form specification was successfully compiled.**

besagt, daß die Übersetzung erfolgreich ablief. Während der Übersetzung hat das System die beiden Dateien **f_kunden.per** und **f_kunden.frm** angelegt.

Nach einer Übersetzung befindet man sich wieder im Untermenü **Form** und kann die übersetzte Bildschirmmaske starten, um Daten einzugeben. Zu diesem Zweck wählt man im angezeigten Untermenü die Option **Run** und die Maske wird auf dem Bildschirm angezeigt.

Den beiden Informationszeilen sind die Menüpunkte

```
PERFORM: Query Next Previous Add Update Remove Table Screen ...
Searches the active database table.           ** 1: kunden table**
```

bzw.

```
PERFORM:   ... Current Master Detail Output Exit
Displays the current row of the current table.  ** 1: kunden table**
```

zu entnehmen, deren 13 Optionen folgende Bedeutung haben :

- **Query**   Anzeigen der Zeilen der Datei, die bestimmte Suchmerkmale aufweisen. Die Merkmale werden von dem Anwender definiert. Wir kommen hierauf in Kapitel 6 noch ausführlich zurück.
- **Next**   Anzeigen der nächsten Zeile der aktuellen Liste.
- **Previous**   Anzeigen der vorherigen Zeile der aktuellen Liste.
- **Add**   Eingeben von Daten in die aktuelle Datenbank.
- **Update**   Ändern der gespeicherten Daten.
- **Remove**   Löschen einer Zeile der aktuellen Datenbank. Allerdings ist der eingeleitete Löschvorgang noch zu bestätigen.
- **Screen**   Anzeigen einer weiteren Bildschirmseite.
- **Current**   Darstellen der aktuellsten Version einer angezeigten Zeile auf dem Bildschirm. Die Option wird hauptsächlich bei Mehrplatzsystemen, wie z. B. UNIX, verwendet.
- **Master**   Anzeigen der Haupttabelle der aktiven Tabelle. Was man unter einer Haupttabelle versteht, lernen wir in Kapitel 8 noch kennen.
- **Detail**   Anzeigen der Untertabelle der aktiven Tabelle. Was eine Untertabelle ist, lernen wir ebenfalls in Kapitel 8 noch kennen.
- **Output**   Schreiben der Bildschirmseite (ohne Informationszeilen) in eine Betriebssystemdatei. Die Ausgabe kann in eine schon bestehende oder in eine neue Datei erfolgen. Der **Output**-Befehl gilt nur in Verbindung mit **Query**.
- **Exit**   Verlassen der Bildschirmmaske. Der Anwender gelangt wieder in das **Form**-Untermenü.

INFORMIX-SQL - Eine erste Anwendung

Mit der Funktion

Add

kann man nun Daten über die Bildschirmmaske in die Datenbank eingeben. Der Bildschirm sieht wie folgt aus:

```
ADD: ESCAPE adds new data.  INTERRUPT discards it.  ARROW keys move cursor.
Adds new data to the active database table.      ** 1: kunden table**
kundennummer    [           ]
name            [                    ]
vorname         [                    ]
strasse         [                    ]
postleitzahl    [     ]
ort             [                 ]
```

Bei der Funktion **Add** sind zunächst sämtliche Eingabefelder leer. Der Benutzer hat darauf zu achten, daß in die einzelnen Eingabefelder nur Werte eingegeben werden, die den vereinbarten Datentypen (s. Kapitel 3.2) entsprechen. Der Computer stellt jeden Regelverstoß fest und wird diesen in der Statuszeile melden.

Die Dateneingabe erfolgt Feldweise. Dabei läßt sich der Cursor innerhalb der Bildschirmmaske wie folgt bewegen :

nächstes Feld

Mit Hilfe der RETURN- oder der Pfeil-Unten-Taste geht der Cursor in das nächste Eingabefeld.

Zeichen vor

Mit der Pfeil-Rechts-Taste bewegt man den Cursor um ein Zeichen nach rechts, ohne daß dabei bestehender Text gelöscht wird. Steht der Cursor am Ende eines Eingabefeldes, so springt er auf den Anfang des nächsten Eingabefeldes.

Zeichen zurück

Mit der Backspace-Taste oder der Pfeil-Links-Taste bewegt man den Cursor um ein Zeichen nach links, ohne daß dabei bestehende Zeichen gelöscht werden. Steht der Cursor am Anfang eines Eingabefeldes, so springt er an das Ende des vorherigen Feldes.

Schnell vor

Bei umfangreichen Bildschirmmasken kann man mit der Tastenkombination CTRL-F (bei MS-DOS zusätzlich mit der Funktionstaste F6) den Cursor jeweils um eine Bildschirmzeile nach unten bewegen, unabhängig davon, wieviele Eingabefelder in einer Zeile stehen.

Schnell zurück

Mit der Tastenkombination CTRL-B (bei MS-DOS zusätzlich mit der Funktionstaste F5) wird der Cursor jeweils um eine Bildschirmzeile nach oben bewegt.

Korrekturen innerhalb der Eingabefelder lassen sich wie folgt durchführen:

Zeichen löschen

Mit der Tastenkombination CTRL-X wird das Zeichen an der aktuellen Cursorposition gelöscht. Der eventuell rechts vom Cursor stehende Text verschiebt sich jeweils um ein Zeichen nach links. Auf MS-DOS-Rechnern erzielt die DEL-Taste die gleiche Wirkung.

rechts löschen

Die Tastenkombination CTRL-D bewirkt, daß sämtliche Zeichen bis zum Ende des Eingabefeldes gelöscht werden. Bei MS-DOS Rechnern ist dies zusätzlich mit der Funktionstaste F9 möglich.

Einfügen/Überschreiben

Der Cursor befindet sich von der Standardeinstellung her in jedem Eingabefeld im Überschreibemodus. Mit der Tastenkombination CTRL-A wechselt das System in den Einfügemodus. Zeichen kann man nun in den bestehenden Text einfügen. Der schon vorhandene Text wird dabei nach rechts verschoben. Auf MS-DOS Rechnern erzielt man ein Umschalten vom Überschreibemodus in den Einfügemodus - und umgekehrt - auch durch Betätigen der INS-Taste.

Daten wiederholen

Bei der Dateneingabe (**Add**) kann der Benutzer auf UNIX-Systemen mit Betätigen der Tastenkombination CTRL-P die Eingabe des zuletzt eingegebenen Wertes wiederholen. Auf DOS-Rechnern steht hierfür die Funktionstaste F3 zur Verfügung.

INFORMIX-SQL - Eine erste Anwendung

Speichern der Daten

Betätigt man die ESC-Taste, so speichert INFORMIX-SQL die Daten in der Tabelle ab.

Die Tastenbelegung für Korrekturarbeiten im Überblick:

Funktion	MS-DOS	UNIX
Zeichen löschen	CTRL-X oder DEL-Taste	CTRL-X
rechts löschen	CTRL-D oder F9-Taste	CTRL-D
Einfügen/Überschreiben	CTRL-A oder INS-Taste	CTRL-A
Daten wiederholen	F3-Taste	CTRL-P
Speichern der Daten	ESC-Taste	ESC-Taste

Ist die Eingabemaske **f_kunden** der Tabelle **kunden** aktiviert (=**Add**-Funktion des Untermenüs **Form**), so wollen wir in bezug auf unsere praktische Anwendung die Eingabe der nachstehenden Datensätze vornehmen:

kundennummer	1000	1009	500
name	Meier	Gabler	Fuchs
vorname	Horst	Hans-Georg	Irene
strasse	Waldweg 3	Hauptstraße 4	An der Bahn 5
postleitzahl	2000	2730	1000
ort	Hamburg	Zeven	Berlin
kundennummer	9006	3078	6668
name	Wurm	Witzig	Specht
vorname	Band	Olaf	Bund
strasse	Hohe Luft 4	Klosterweg 24	Emsstraße 37
postleitzahl	2148	3000	2900
ort	Brauel	Hannover	Oldenburg

Jeder Datensatz ist jeweils mit der ESC-Taste abzuspeichern. Hierzu teilt das System in der Statuszeile mit, daß es den Satz dem Datenbestand hinzugefügt hat. Sind sämtliche Daten erfaßt, ist die Dateneingabe mit Hilfe der Option **Exit** zu beenden und anschließend INFORMIX-SQL-Hauptmenü zurückzukehren.

3.4 Datenausgabe

Die Datenausgabe erfolgt mit Hilfe des Listengenerators ACE, der es ermöglicht, unterschiedliche Daten gruppiert und formatiert ausgeben zu können. Der Generator wird durch Betätigen der Hauptmenüfunktion **Report** aktiviert, die das Menü

```
REPORT: Run Modify Generate New Compile Drop Exit
Run a report.
----------------------- LAGER ------------------ Press CTRL-W for Help --------
```

auf den Bildschirm ruft. Diesem Menü lassen sich 7 Optionen mit folgendender Bedeutung entnehmen:

- **Run**   Starten einer Bildschirmmaske
- **Modify**   Ändern einer Bildschirmmaske
- **Generate**   Erzeugen einer Bildschirmmaske
- **New**   Erstellen einer neuen Bildschirmmaske
- **Compile**   Übersetzen einer Bildschirmmaske
- **Drop**   Löschen einer Bildschirmmaske
- **Exit**   Rücksprung zum INFORMIX-SQL-Hauptmenü

Die schnellste und einfachste Methode zum Erstellen einer Liste besteht über die Funktion

     Generate .

Hierdurch gibt das System die Meldung

```
GENERATE REPORT >>
Enter the name you want to assign to the report, then press Return.
----------------------- LAGER ------------------ Press CTRL-W for Help --------
```

auf dem Bildschirm aus. **Generate** erzeugt eine Standardausgabeliste (Standardreport) und verlangt an dieser Stelle die Vergabe eines Namens.

Unsere erste praktische Arbeit wollen wir damit beenden, daß wir die in der Tabelle **kunden** erfaßten Daten ausgeben. Die Ausgabe soll über einen Standardreport erfolgen. Zu diesem Zweck vergeben wir für die Standardliste den Namen **r_kunden**. Nach der Namensvergabe fragt INFORMIX-SQL, aus welcher Tabelle die Standardliste erstellt werden soll :

```
CHOOSE TABLE >>
Choose the table to be used in the default report.
---------------------- LAGER ---------------- Press CTRL-W for Help --------
kunden
```

Aktivieren Sie die Tabelle **kunden**, so wird anschließend die Liste **r_kunden** erzeugt.

Zur eigentlichen Ausgabe der Daten auf dem Bildschirm kommt es dann, wenn Sie die Option **Run** des Untermenüs **Report** starten. Die Ausgabe sieht wie folgt aus (da der Bildschirm maximal nur 80 Zeichen pro Zeile darstellen kann, werden sowohl die Postleitzahl als auch der Ort in die nächste Zeile umbrochen):

kundennummer	name	vorname	strasse
postleitzahl	ort		
	1000 Meier	Horst	Waldweg 3
2000	Hamburg		
	1009 Gabler	Hans-Georg	Hauptstr. 4
2730	Zeven		
	500 Fuchs	Irene	An der Bahn 5
1000	Berlin		
	9006 Wurm	Band	Hohe Luft 4
2148	Brauel		
	3078 Witzig	Olaf	Klosterweg 24
3000	Hannover		
	6668 Specht	Bund	Emsstraae 37
2900	Oldenburg		

Hat das System sämtliche Daten gelistet, erscheint nach dem Drücken der RETURN-Taste das **Report**-Menü. Mit der Option **Exit** kehrt man zurück in das INFORMIX-SQL-Hauptmenü.

4 Korrekturen an der Tabellenstruktur

4.1 Hinzufügen von Datensatzfeldern

Für den Anwender besteht die Möglichkeit, jederzeit die grundsätzliche Struktur einer Tabelle durch Hinzufügen weiterer Datensatzfelder zu ändern. Zu diesem Zweck muß man im **Table**-Menü die Funktion

    Alter

aktivieren. Unmittelbar danach fragt das System nach dem Namen der zu bearbeitenden Tabelle (hier: **kunden**). Hat man die Systemabfrage entsprechend beantwortet, erscheint auf dem Bildschirm das **Alter Table**-Menü:

```
ALTER TABLE kunden :  Add  Modify  Drop  Screen  Exit
Adds columns to the table above the line with the highlight.
----- Page 1 of 1 ----- LAGER ----------------- Press CTRL-W for Help -------
Column Name              Type              Length   Index   Nulls
kundennummer             Integer                            Yes
name                     Char                 20            Yes
vorname                  Char                 20            Yes
strasse                  Char                 20            Yes
postleitzahl             Char                  6            Yes
ort                      Char                 20            Yes
```

Die erste Zeile weist zur Kontrolle noch einmal daraufhin, welche Tabelle gerade in Bearbeitung ist. Das **Alter Table**-Menü verfügt über folgende fünf Funktionen:

- **Add**   Hinzufügen von Datensatzfeldern
- **Modify**   Verändern von Datensatzfeldern
- **Drop**   Löschen von Datensatzfeldern
- **Screen**   Seitenweises Blättern am Bildschirm
- **Exit**   Rücksprung zum **Table**-Menü

Das oben abgebildete **Alter Table**-Menü weist eine Beschreibung der Satzstruktur der

Tabelle **kunden** auf, die wir im Rahmen unserer praktischen Anwendung angelegt haben. An dieser Struktur sind noch einige Korrekturen vorzunehmen, und zwar sollen die folgenden Felder

```
nationalitaet       Char         4     Yes
telefon             Char        18     Yes
teletex             Char        18     Yes
kundenart           Char         1     Yes
seit                Date               Yes
bemerkungen         Char        30     Yes
```

nachträglich in die Satzstruktur aufgenommen werden. Bevor die hierfür zu verwendende Funktion **Add** aktiviert wird, ist dem System noch mitzuteilen, an welcher Stelle es die zusätzlichen Spalten an- bzw. einfügen soll. Dieses geschieht mit den Cursorsteuerungstasten "↓" und "↑", die eine entsprechende Positionsveränderung des invers dargestellten Balkens bewirken. Ist dieser positioniert, kann man die Funktion **Add** erteilen und die entsprechenden Spalten hinzufügen.

In unserem Beispiel sind die angegebenen Spalten so in die Satzstruktur der Tabelle **kunden** aufzunehmen, daß sie am Ende des Datensatzes stehen. Es ist also zunächst der "inverse" Balken unterhalb des Spaltennamens **ort** zu positionieren und anschließend die vereinbarten Spalten der Reihe nach einzugeben. Hat man die letzte Spalte erfaßt, muß man die Funktion **Exit** des **Alter Table**-Menüs wählen. Dieses führt zum Aufruf des bereits bekannten **Exit**-Menüs, aus dem wiederum die Funktion

Build-new-table

zu aktivieren ist. INFORMIX-SQL wird dadurch veranlaßt, die Tabelle neu anzulegen. Nach der Ergänzung hat unsere Tabelle **kunden** folgendes Aussehen:

Column Name	Type	Length	Index	Nulls
kundennummer	Integer			Yes
name	Char	20		Yes
vorname	Char	20		Yes
strasse	Char	20		Yes
postleitzahl	Char	6		Yes
ort	Char	20		Yes
nationalitaet	Char	4		Yes
telefon	Char	18		Yes
teletex	Char	18		Yes
kundenart	Char	1		Yes
seit	Date			Yes
bemerkungen	Char	30		Yes

4.2 Löschen von Datensatzfeldern

Zum Löschen von Datensatzfeldern aktiviert man aus dem **Alter Table**-Menü die Funktion

Drop .

Ebenso wie bei der Funktion **Add** ist auch hier zunächst der "inverse" Balken entsprechend zu positionieren. Hierdurch teilt man dem System mit, welche Spalte zu löschen ist. Unter 4.1 haben wir die Satzstruktur der Tabelle **kunden** um einige Spalten ergänzt. Die Spalten

teletex und
bemerkungen

werden aber für den weiteren Verlauf der praktischen Anwendung nicht mehr benötigt und können somit gelöscht werden! Hierbei ist zunächst die zu löschende Spalte zu markieren und anschließend der **Drop**-Befehl zu erteilen. Vor dem eigentlichen Löschen stellt das System folgende Sicherheitsabfrage:

```
REMOVE kunden :  Yes  No
Deletes the highlighted column from the table.
```

Diese bietet die Gelegenheit, noch einmal zu überprüfen, ob die angesprochene Spalte tatsächlich gelöscht werden soll. Sind beide Spalten bearbeitet, so ist aus dem **Alter Table**-Menü die Funktion **Exit** und aus dem **Exit**-Menü die Funktion **Build-new-table** zu wählen. Nach diesem Arbeitsgang hat die Tabelle kunden folgendes Aussehen:

Column Name	Type	Length	Index	Nulls
kundennummer	Integer			Yes
name	Char	20		Yes
vorname	Char	20		Yes
strasse	Char	20		Yes
postleitzahl	Char	6		Yes
ort	Char	20		Yes
nationalitaet	Char	4		Yes
telefon	Char	18		Yes
kundenart	Char	1		Yes
seit	Date			Yes

4.3 Ändern von Datensatzfeldern

Mit der Funktion

Modify

stellt das **Alter Table**-Menü die Möglichkeit zur Korrektur einzelner Spaltendefinitionen. So ist es z. B. möglich, ein Datensatzfeld vom Typ Char abzuändern in ein Feld vom Typ Numeric oder die Länge eines Feldes von 30 auf 20 Zeichen zu reduzieren.

Wenden wir uns wieder der Tabelle **kunden** zu. Für weitere Anwendungen sind an dieser noch einige Korrekturen vorzunehmen, und zwar sind die Spaltendefinitionen so abzuändern, daß die Tabelle am Ende folgendermaßen aussieht:
(Die zu berücksichtigenden Korrekturen sind durch einen Pfeil gekennzeichnet!)

Column Name	Type	Length	Index	Nulls
kundennummer	Integer		Unique	No ◄
name	Char	►30	Dups	Yes
vorname	Char	20		Yes
strasse	Char	►25		Yes
postleitzahl	Char	6	Dups	Yes
ort	Char	►30		Yes
nationalitaet	Char	4		Yes
telefon	Char	18		Yes
kundenart	Char	1		Yes
seit	Date			Yes

Auch hierbei ist zunächst das zu verändernde Feld zu markieren, um anschließend die Funktion **Modify** aufzurufen. Zum Markieren sind die Cursorsteuerungstasten zu benutzen. Auf die Indexeinträge **unique** und **dups** kommen wir in dem folgenden Thema **Der indizierte Zugriff** noch ausführlich zurück. Nachdem man die letzte Korrektur vorgenommen bzw. sämtliche Spalten der Tabelle **kunden** der Vorgabe entsprechend neu definiert hat, ist die Tabelle schließlich mit der Funktion **Build-new-table** des **Exit**-Menüs neu anzulegen.

4.4 Der indizierte Zugriff

INFORMIX-SQL verfügt über zwei Zugriffsmethoden, mit Hilfe dessen ein bestimmter Datensatz einer Tabelle aufgesucht werden kann - den sequentiellen und den indexorientierten Zugriff. Beim sequentiellen Zugriff beginnt das System am Anfang der Tabelle zu suchen und arbeitet sich Satz für Satz durch die Tabelle, bis es den gewünschten Datensatz gefunden hat. Weist eine Tabelle einen umfangreichen Datenbestand auf, kann es zu einem zeitraubenden Suchvorgang kommen. Deshalb sollte man beim Vorliegen größerer Datenbestände für jeden Satz ein Suchmerkmal (auch Index genannt) vereinbaren, das von dem System in einer Indextabelle abgespeichert wird. Das Suchmerkmal wird dann automatisch in logisch richtiger Reihenfolge abgespeichert.

Eine Indextabelle ist durchaus vergleichbar mit dem Schlagwortverzeichnis eines Buches. Ihre interne Gliederung erfolgt nach dem Prinzip der sog. Baumstruktur. Sofern eine Indexdatei vorliegt und ein Suchvorgang eingeleitet wird, der sich an einem vereinbarten Suchmerkmal (Index) orientiert, kann der Zugriff auf die wirkliche Tabelle stets über die Indextabelle erfolgen. Hierbei wird das System nach dem "Größer-Kleiner-Prinzip" zu dem gewünschten Suchbegriff geführt. Jedem Begriff ist eine eindeutige Positionsangabe (=Zeiger) des Datensatzes auf dem Speichermedium (Festplatte, Diskette, Magnetband, etc.) zugeordnet.
Im Rahmen der INFORMIX-SQL-Anwendungen läßt sich die Zahl der Indizes proportional zu der Anzahl der Spalten anlegen.

Im Abschnitt 4.3 wurden einige Spalten der Tabelle **kunden** neu definiert und die Spalten **kundennummer**, **name** und **postleitzahl** jeweils mit einem Index versehen. Anhand der Spalte **name** wird nachstehend noch einmal das Prinzip des indizierten Zugriffs gezeigt.

Modellhafte Darstellung des indizierten Zugriffs:

Indextabelle

Name	Satz
Fuchs	003
Gabler	002
Meier	001
Specht	006
Witzig	005
Wurm	004

Tabelle kunden

Satz	Name	Vorname	
001	Meier	Horst	
002	Gabler	Hans-Georg	
003	Fuchs	Irene	
004	Wurm	Band	
005	Witzig	Olaf	
006	Specht	Bund	

Es ist noch kurz auf die Vorgehensweise bei der Vergabe eines Indexes einzugehen. Sie erfolgt im Rahmen des **Table**-Menüs - genauer gesagt, im Rahmen der Spaltendefinitionen. In diesem Zusammenhang wird von dem System die Abfrage

```
ADD INDEX kunden :  Yes  No
Specifies that this column will have an index.
```

gestellt, wobei eine positive Bestätigung automatisch die Anlage einer Indexdatei veranlaßt. Zuvor ist dem System mitzuteilen, ob der Index vom Typ **unique** oder **dups** sein soll. Wird **unique** als Index-Typ vereinbart, muß in dieser Spalte für jeden Datensatz ein anderer Wert eingegeben werden; Doppel- oder Mehrdeutigkeiten sind dann also nicht zulässig (typische Beispiele sind Kundennummern, Artikelnummern). Der Typ **dups** (**dup**licates) läßt auch Mehrdeutigkeiten zu, da in verschiedenen Sätzen gleiche Daten (in dieser Spalte) stehen dürfen (typische Beispiele sind Namen, Orte, Postleitzahlen, usw.).

5 Modifikationen an einer Eingabemaske

5.1 Die Standardeingabemaske

In der Regel wird die vom System erzeugte Standardeingabemaske nicht verwendet, da sie lediglich die entsprechenden Eingabefelder am Bildschirm anzeigt und dem Anwender darüber hinaus nur wenig Unterstützung bei der Eingabe gewährt.
INFORMIX-SQL bietet die Möglichkeit zur Entwicklung einer individuellen Eingabemaske am Bildschirm, um sich so eine Maske zu schaffen, die ein komfortableres Arbeiten gewährleistet.
Bevor wir unsere Standardeingabemaske mit Hilfe des zur Verfügung stehenden Editors - wir verwenden hierbei den Systemeditor EDIT.EXE (Umgebungsvariable DBEDIT) - in eine benutzergerechte Form bringen, wollen wir zunächst etwas zu ihrem allgemeinen Aufbau sagen. Die Standardeingabemaske für die Erfassung der Kundenstammdaten haben wir in der Datei **f_kunden.per** abgespeichert.

Da wir im Kapitel 4.3 für die Tabelle **kunden** die Satzstruktur geändert haben, wollen wir diese auch in bezug auf unsere Standardeingabemaske berücksichtigen. Zu diesem Zweck ist die "alte" Datei **f_kunden** zunächst zu löschen. Den Löschvorgang leitet man mit der Option **Drop** des **Form**-Menüs ein. Die daraufhin folgende Sicherheitsabfrage des Systems ist entsprechend zu beantworten. Nach Beendigung des Löschvorgangs aktivieren wir die Option **Generate** des genannten Menüs, um die "neue" Standardeingabemaske zu generieren. Der hierbei einzuhaltende Arbeitsvorgang entspricht dem im Abschnitt 3.3 beschriebenen. Der Standardeingabemaske vergeben wir wieder den Namen **f_kunden** und weisen das System an, diese Datei der Tabelle **kunden** zuzuweisen. Selbstverständlich kann man auch eine zusätzliche Eingabedatei unter einem anderen Namen anlegen, ohne eine bereits bestehende zu löschen. Doch ist es ratsam, darauf zu achten, daß keine "Dateileichen" entstehen; darunter versteht man Dateien, die z.B. aufgrund von Neuerungen nicht mehr benötigt werden.

Der Inhalt einer Standardeingabemaske besteht maximal aus den fünf Abschnitten:

- database
- screen
- tables
- attributes
- instructions

Zu beachten ist, daß die ersten vier Abschnitte immer vorhanden sein müssen, und zwar in der angeführten Reihenfolge; der fünfte Abschnitt (=instructions) dagegen ist optional.

Nachfolgend wird der Inhalt der Datei **f_kunden.per** dargestellt, wobei die in Kapitel 4 vorgenommenen Veränderungen berücksichtigt wurden. Die einzelnen Abschnitte sind durch Pfeile gekennzeichnet.

```
database lager              <-----
screen                      <-----
{
kundennummer     [f000    ]
name             [f001                      ]
vorname          [f002              ]
strasse          [f003                  ]
postleitzahl     [f004   ]
ort              [f005                 ]
nationalitaet    [f006]
telefon          [f007        ]
kundenart        [a]
seit             [f008    ]
}
end
tables                      <-----
kunden
attributes                  <-----
f000 = kunden.kundennummer;
f001 = kunden.name;
f002 = kunden.vorname;
f003 = kunden.strasse;
f004 = kunden.postleitzahl;
f005 = kunden.ort;
f006 = kunden.nationalitaet;
f007 = kunden.telefon;
a = kunden.kundenart;
f008 = kunden.seit;
end
```

Modifikationen an einer Eingabemaske 47

5.2 Ändern der Standardeingabemaske

Die fünf Abschnitte (=Formatentwurf) lassen sich über die Option

    Modify

des Untermenüs **Form** modifizieren. Wir wollen für unsere Anwendung eine individuelle Eingabemaske entwickeln; hierfür bedarf es einer Veränderung der Standardeingabemaske. Zu diesem Zweck aktivieren wir die vorstehende Option und wählen dann die Datei **f_kunden**.
Auf dem Bildschirm erscheint die Standardeingabemaske, die wir nun abschnittsweise erläutern wollen.

5.2.1 Abschnitt database

Es wird die Datenbank definiert, die der Maske zugeordnet wird. Im Rahmen unserer Anwendung ist das die Datenbank **lager**.
Am **database**-Abschnitt brauchen wir keine Veränderungen vornehmen.

5.2.2 Abschnitt screen

Die eigentliche Bildschirmmaske wird dargestellt. Sie wird durch die geschweiften Klammern und dem vorangestellten Wort screen definiert. Jede Maske sollte nicht mehr als 20 Zeilen umfassen, da der Anwender sonst mit der Option **Screen** des Untermenüs **Perform** zwischen den Seiten hin und her blättern muß. Jedes Eingabefeld ist durch eckige Klammern gekennzeichnet. Die Größe der Bildschirmfelder wird mit der Tabellendefinition bestimmt. Jedem Feld wird standardmäßig der bei der Tabellendefinition vereinbarte Name vorangestellt und sog. **Feldbezeichnern** zugewiesen, die bei der Dateneingabe allerdings nicht angezeigt werden. Im Abschnitt 5.2.4 (attributes-Abschnitt) werden wir auf diese Bezeichnungen noch einmal zurückgreifen.

Mit dem über die Umgebungsvariable DBEDIT zur Verfügung stehenden Editor wollen wir nun unsere individuelle Eingabemaske konzipieren, und zwar so, daß sie der nachfolgenden Abbildung entspricht:

```
screen
{
--------------------------------------------------------------------------------
ERFASSEN            KUNDENSTAMMDATEN
--------------------------------------------------------------------------------


Kundennummer        [k000       ]                       Kunde seit  [k001      ]


Nachname            [k002                   ]
Vorname             [k003               ]


Straße              [k004                   ]


Kennzeichen [k005]  Postleitzahl [k006 ]  Ort [k007                            ]


Telefon             [k008           ]


Kundenart           [k]
--------------------------------------------------------------------------------
}
end
```

Bei der **Standardeingabemaske** werden die Feldbezeichner automatisch nach einer festen Regel vergeben. Das erste Zeichen muß immer ein Buchstabe sein, daran schließt sich eine Zahl an.

Die Feldbezeichner unserer **individuellen Eingabemaske** beginnen mit dem Buchstaben **k** (steht für die Kundenstammdaten). Jedem Eingabefeld wurden entsprechende Namen vorangestellt. Die ersten drei Zeilen bilden die Überschrift des Bildschirmbildes, während die letzte Zeile (durchgehender Strich) das Bildschirmende darstellt.

Die Reihenfolge der Eingabe ist gegenüber der Standardeingabemaske leicht geändert. Nach der Kundennummer wird zunächst nach dem Datum gefragt und die Frage nach der Nationalität wurde der Frage nach der Postleitzahl vorangestellt.

5.2.3 Abschnitt tables

Die für die Bildschirmmaske verwendeten Tabellen werden in diesem Abschnitt vereinbart. Mehrere Tabellennamen sind durch ein Komma oder Leerzeichen voneinander zu trennen. Es können bis zu 8 Tabellen für eine Bildschirmmaske vereinbart werden. Im Rahmen unserer Anwendung haben wir die Tabelle **kunden** vereinbart. Gegenüber der Standardeingabemaske sind hier keine Änderungen nötig.

5.2.4 Abschnitt attributes

In Abschnitt 5.2.2 wiesen wir auf die Feldbezeichner hin, die INFORMIX-SQL in diesem Abschnitt anzeigt. Jedem Feldbezeichner wird jeweils ein Datensatzfeld der Tabelle - in unserem Fall der Tabelle **kunden** - zugeordnet. Bei der Standardeingabemaske vergibt das System eigene Bezeichnungen, und zählt diese hoch (f000,f001,usw.). Falls erwünscht, kann der Bediener andere Bezeichnungen vereinbaren, die aber eindeutig sein und als erstes Zeichen einen Buchstaben enthalten müssen. Bei der Dateneingabe werden die Eingabefelder nach der in diesem Abschnitt festgelegten Reihenfolge der Feldbezeichner bearbeitet.
INFORMIX-SQL verfügt über Attribute, über die der Anwender die Darstellungsform eines Feldes modifizieren oder das System veranlassen kann, zu jedem aktivierten Eingabefeld Erläuterungen in der Statuszeile anzuzeigen.

Bevor wir die wichtigsten Attribute vorstellen, ist zunächst noch die Syntax eines **attributes**-Eintrags zu beschreiben.

<Feldkennsatz>=[<Tabellenname>.]<Spaltenname> [,<Attributliste>];

Feldkennsatz	steht für den Feldbereich. Im Abschnitt 5.2.2 (screen) wird dieser mit eckigen Klammern eingegrenzt.
Tabellenname	steht für den Namen der Datenbanktabelle. Man braucht ihn nur anzugeben, wenn ein Spaltenname in einer Maske mehrfach vorkommt, d.h. er dient dazu, eine Spalte eindeutig zu identifizieren.
Spaltenname	steht für den Spaltennamen einer Tabelle.
Attributliste	kann sich aus mehreren Attributen zusammensetzen, die durch ein Komma voneinander zu trennen sind.

Jeder **attributes**-Eintrag ist mit einem Semikolon abzuschließen.

Nachfolgend nun einige Attribute. Weitere Attribute mit den jeweiligen Erläuterungen können Sie dem Anhang E entnehmen.

COMMENTS realisiert, daß zu jedem Eingabefeld ein bestimmter Text in der Statuszeile angezeigt wird, sofern man in diesem eine Eingabe vornimmt. Der Text wird aus der Statuszeile gelöscht, wenn man den Cursor auf das nächste Eingabefeld versetzt.
Beispiel:

```
k002 = name, COMMENTS=
       "Bitte den Kundennamen eingeben !";
```

DEFAULT Jedem Eingabefeld kann eine Voreinstellung gegeben werden. Standardmäßig sind für Daten vom Typ CHAR, NUMERIC und DATE Leerzeichen voreingestellt. MONEY-Felder werden automatisch mit einem Währungszeichen versehen. Eine Ausnahme bildet das Datumsfeld, da das System hier automatisch das aktuelle Rechnerdatum (TODAY) zuweist.
(Bei Zahlen ist der Defaultwert ohne Anführungsstriche anzugeben.)
Beispiele:

```
k005 = nationalitaet, DEFAULT="D";
k001 = seit, DEFAULT=TODAY;
```

INCLUDE garantiert, daß man nur bestimmte Werte oder Wertebereiche eingeben kann. Diese sind in einer Liste (durch Klammern eingegrenzt) zu vereinbaren, und müssen aufsteigend sortiert und durch Kommatas voneinander getrennt sein. Bei Wertebereichen ist das Schlüsselwort TO zu verwenden (zum Beispiel "G TO K").
Beispiel:

```
k = kundenart, INCLUDE=( B,G,H,I,P,S );
```

Liegt der Eingabewert nicht im vereinbarten Wertebereich, kommt es zu einer entsprechenden Meldung des Systems; die Eingabe ist dann zu wiederholen.

Modifikationen an einer Eingabemaske

REQUIRED   erzwingt eine Dateneingabe.
<u>Beispiel:</u>

```
k007 = ort, REQUIRED;
```

REVERSE   stellt das Eingabefeld negativ dar, d. h. dunkle Schrift erscheint auf hellem Hintergrund und umgekehrt. Eingaben, die zwingend erforderlich sind, können so gut kenntlich gemacht werden.
<u>Beispiel:</u>

```
k000 = kundennummer, REVERSE;
```

UPSHIFT   wandelt die eingegebenen Zeichen in Großschrift um und zeigt diese am Bildschirm an.
<u>Beispiel:</u>

```
k = kundenart, UPSHIFT;
```

VERIFY   realisiert, daß eine Eingabe aus Sicherheitsgründen zweimal zu erfolgen hat. Die Gefahr von fehlerhaften Eingaben wird hierdurch verringert. Nach der ersten Eingabe erscheint in der Statuszeile folgende Meldung:

Please type again for verification

Hat man die Eingabe wiederholt und sollten beide nicht übereinstimmen, so fordert das System mit der Meldung

The two entries were not the same -- please try again

dazu auf, die Eingabe erneut durchzuführen.
<u>Beispiel:</u>

```
k000 = kundennummer, VERIFY;
```

Wir wollen nun für unsere individuelle Eingabemaske die Vereinbarung einiger Attribute vornehmen. Dabei ist der **attributes**-Abschnitt wie hier abgebildet aufzubereiten :

```
attributes
k000 = kundennummer,
        REVERSE, REQUIRED, VERIFY,
        COMMENTS="Bitte die Kundennummer zweimal eingeben !";
k001 = seit,
       DEFAULT=TODAY;
k002 = name,
       REQUIRED, COMMENTS="Bitte den Kundennamen eingeben !";
k003 = vorname,
       COMMENTS="Bitte den Vornamen eingeben !";
k004 = strasse,
       COMMENTS="Bitte die Straße eingeben !";
k005 = nationalitaet,
       UPSHIFT, DEFAULT="D", COMMENTS=
       "Bitte das internationale Autokennzeichen eingeben !";
k006 = postleitzahl;
k007 = ort,
       REQUIRED;
k008 = telefon;
k    = kundenart,
       UPSHIFT, INCLUDE=( B,G,H,I,P,S ), COMMENTS=
       "I=Industrie H=Handel G=Genossenschaft B=Behörde P=Privat S=Sonstige";
end
```

5.2.5 Abschnitt instructions

Der Abschnitt **instructions** ist optional und ermöglicht folgende Tätigkeiten:

(1) Definieren anderer Feldbegrenzer
(2) Verknüpfen mehrerer Tabellen
(3) Aufbau von Kontrollblöcken

Desweiteren kann man in diesem Abschnitt C- oder Cobol-Programme aufrufen, wenn die entsprechenden INFORMIX-SQL-Schnittstellen installiert sind.

5.2.5.1 Definieren anderer Feldbegrenzer

DELIMITERS

definiert neue Feldbegrenzer. Die Standardfeldbegrenzer sind durch eckige Klammern ([]) definiert. Mit dem Befehl

    DELIMITERS "< a >< b >";

könnten die Begrenzer dahingehend modifiziert werden, daß "a" den Feldanfang und "b" das Feldende anzeigt, wenn die Maske gestartet wird.

5.2.5.2 Verknüpfen mehrerer Tabellen

MASTER OF

stellt zwischen zwei Tabellen eine Beziehung her, und zwar zwischen einer Master- und einer Detailtabelle. Dieses ist sinnvoll, wenn einer Tabellenzeile (Master) mehrere Zeilen einer anderen Tabelle (Detail) zugeordnet sind. Ausführliche Erläuterungen und Beispiele befinden sich im Kapitel 8.

5.2.5.3 Aufbau von Kontrollblöcken

Der bedeutendste Teil des **instructions**-Abschnitts besteht in dem Definieren von Kontrollblöcken. In ihnen kann der Eingabedialog gezielt gesteuert werden, wie z.B. das Berechnen von Werten, Prüfen von Bedingungen, Positionieren des Cursors oder Ausgabe von Kommentaren.

Der Kontrollblock BEFORE ... OF

In diesem Kontrollblock lassen sich Aktionen (z.B. LET oder ABORT) durchführen, bevor der Cursor das Eingabefeld erreicht.

BEFORE <Optionenliste> OF {<Tabelle>|<Spaltenliste>}

Optionenliste   ist eine Liste von Schlüsselwörtern (EDITADD, EDITUPDATE, REMOVE), die im Anschluß noch erläutert werden. Man kann mehrere Optionen gleichzeitig verwenden, die dann jeweils durch ein Leerzeichen voneinander zu trennen sind.

Tabelle   ist ein Datenbanktabellenname.
Spaltenliste   ist eine Liste von Datenbankspaltennamen.

Der Kontrollblock AFTER ... OF

In diesem Kontrollblock werden Aktionen durchgeführt, nachdem der Cursor das Eingabefeld verlassen hat.

AFTER <Optionenliste> OF { <Tabelle> I <Spaltenliste> }

Optionenliste   stellt eine Liste von Schlüsselwörtern dar (EDITADD, EDITUPDATE, REMOVE, ADD, UPDATE, QUERY, DISPLAY), die im Anschluß noch erläutert werden. Man kann mehrere Optionen gleichzeitig verwenden. Sie sind dann durch ein Leerzeichen voneinander zu trennen.
Tabelle   ist ein Datenbanktabellenname.
Spaltenliste   ist eine Liste von Datenbankspaltennamen.

5.2.5.4 Optionen der Kontrollblöcke

EDITADD

startet bei der Dateneingabe die vereinbarte Aktion, wenn aus dem Untermenü **Form** die Funktion **Add** gewählt wurde.

EDITUPDATE

startet bei der Dateneingabe die vereinbarte Aktion, wenn aus dem Untermenü **Form** die Funktion **Modify** gewählt wurde.

ADD

startet die vereinbarte Aktion, nachdem das System die Daten in die Tabelle geschrieben hat. Die Option ADD ist nur in Verbindung mit AFTER und einem Tabellennamen einsetzbar.

UPDATE

startet die vereinbarte Aktion, wenn man die Daten in einer Tabelle geändert hat. Die Option UPDATE ist nur in Verbindung mit AFTER und einem Tabellennamen einsetzbar.

QUERY

startet Aktionen, die sich auf einen Suchvorgang (Funktion **Query**) beziehen. Die Hauptanwendung findet man im Bereich der statistischen Berechnung. Die Option ist einsetzbar in Verbindung mit AFTER und einem Tabellennamen.

REMOVE

realisiert Aktionen, die man vor oder nach dem Löschen eines Datensatzes veranlassen kann.

DISPLAY

realisiert, daß der Aktionsteil durchlaufen wird, wenn das System die Daten einer Tabelle auf dem Bildschirm ausgegeben hat.

5.2.5.5 Aktionen der Kontrollblöcke

Im einzelnen stehen dem Anwender die Aktionen

    ABORT
    COMMENTS
    IF-THEN-ELSE
    LET
    NEXTFIELD

zur Verfügung. Verwendet er mehrere Aktionen zugleich, so muß er sie in die Schlüsselwörter BEGIN und END einbinden.

ABORT

veranlaßt das System, die Bildschirmmaske zu verlassen, ohne dabei die Daten zu speichern. ABORT ist gleichbedeutend mit dem Drücken der DEL-Taste und ist nur in Verbindung mit EDITADD, EDITUPDATE und REMOVE einsetzbar.

COMMENTS

veranlaßt das System, in der Statuszeile eine vereinbarte Meldung auszugeben. Diese Aktion ist mit dem Attribut COMMENTS vergleichbar, allerdings erscheint die Ausgabe dort in der Kommentarzeile. Man kann den Text invers (REVERS) darstellen und/oder die Ausgabe mit einem Signalton (BEEP) versehen. Die Aktion COMMENTS erweist sich nur als sinnvoll in Verbindung mit den Optionen EDITADD und EDITUPDATE, da bei den anderen Optionen die Statuszeile sofort überschrieben wird.
Beispiel:

```
COMMENTS REVERSE BELL
        "Zur Erfassung der Einzelpositionen DETAIL drücken !!!"
```

IF-THEN-ELSE

realisiert das Aufstellen einer Bedingung. In Abhängigkeit von der Bedingung wird entweder der THEN-Teil ausgeführt oder der optionale ELSE-Teil. Bei der Formulierung einer Bedingung kann der Anwender Vergleichsausdrücke (= , < , > , . . .) und logische Operatoren (AND, OR, NOT) verwenden.

LET

verwendet man bei der Wertzuweisung. Dabei sind die vier Grundrechenarten sowie die Funktionen COUNT, TOTAL, AVERAGE bzw. AVG, MAX, MIN und TODAY erlaubt. Im Abschnitt 10.4.5 erfolgt noch eine ausführliche Erörterung dieser Funktionen. Ausdrücke können Klammern enthalten, und das Zuweisen von Texten ist ebenfalls erlaubt.
Beispiel:

```
LET z6 = p002*z4
```

NEXTFIELD

versetzt den Cursor auf ein bestimmtes Eingabefeld und umgeht somit die Standardreihenfolge. Ein Sonderfall ist die Anweisung NEXTFIELD=EXITNOW, mit der man die Bearbeitung abbrechen kann. Die Anweisung ist gleichbedeutend mit dem Drücken der ESC-Taste, worauf alle Eingaben bzw. Änderungen ordnungsgemäß abgespeichert werden.
Beispiel:

```
NEXTFIELD=f006
```

Im Rahmen unserer Anwendung ist für unsere individuellen Eingabemaske ein **instructions**-Teil mit folgendem Inhalt anzulegen:

```
instructions
AFTER EDITADD EDITUPDATE OF kundenart
     NEXTFIELD=EXITNOW
end
```

Es wird hier festgelegt, daß das System bei der Eingabe oder Veränderung eines Datensatzes nach der Eingabe der Kundenart den Satz automatisch abspeichert.

5.3 Übersetzen der Eingabemaske

Nachdem wir alle Änderungen vorgenommen haben, verlassen wir den Editor und rufen aus dem daraufhin erscheinenden Menü

```
MODIFY FORM:  Compile  Save-and-exit  Discard-and-exit
Compile the form specification.
------------------------------------- Press CTRL-W for Help --------
```

die Funktion

Compile

auf, die bewirkt, daß unsere Maske in eine rechnerspezifische Form übersetzt wird. Dabei wird sie in einer separaten Datei abgespeichert, die die Typenbezeichnung **.frm** erhält, vorausgesetzt die Übersetzung war fehlerfrei. Andernfalls erhält sie die Bezeichnung **.err**, und das System bietet über das Menü

```
COMPILE FORM:  Correct  Exit
Correct errors in the form specification.
------------------------------------- Press CTRL-W for Help --------
```

die Möglichkeit zur sofortigen Korrektur. Nach dem Kompilieren kehrt das System zum **Modify Form**-Menü zurück und setzt den Cursor automatisch auf die Funktion **Save-and-exit**. Diese Funktion bewirkt das Speichern unserer individuellen Maske unter dem Namen **f_kunden.frm**.

Die fünf Abschnitte unserer individuellen Eingabemaske:

```
database lager
screen
{
--------------------------------------------------------------------------------
 E R F A S S E N            K U N D E N S T A M M D A T E N
--------------------------------------------------------------------------------

Kundennummer       [k000       ]                     Kunde seit  [k001      ]

Nachname           [k002                    ]
Vorname            [k003              ]

Straße             [k004                  ]

Kennzeichen [k005]  Postleitzahl [k006  ]  Ort [k007                        ]


Telefon            [k008         ]

Kundenart          [k]
--------------------------------------------------------------------------------
}
end
tables
kunden
attributes
k000 = kundennummer,
       REVERSE, REQUIRED, VERIFY,
       COMMENTS="Bitte die Kundennummer zweimal eingeben !";
k001 = seit,
       DEFAULT=TODAY;
k002 = name,
       REQUIRED, COMMENTS="Bitte den Kundennamen eingeben !";
k003 = vorname,
       COMMENTS="Bitte den Vornamen eingeben !";
```

```
      k004 = strasse,
             COMMENTS="Bitte die Straße eingeben !";
      k005 = nationalitaet,
             UPSHIFT, DEFAULT="D", COMMENTS=
             "Bitte das internationale Autokennzeichen eingeben !":
      k006 = postleitzahl;
      k007 = ort,
             REQUIRED;
      k008 = telefon;
      k    = kundenart,
             UPSHIFT, INCLUDE=( B,G,H,I,P,S ), COMMENTS=
             "I=Industrie H=Handel G=Genossenschaft B=Behörde P=Privat S=Sonstige";
      end
      instructions
      AFTER EDITADD EDITUPDATE OF kundenart
             NEXTFIELD=EXITNOW
      end
```

6 Korrekturen am Datenbestand

6.1 Suchen von Daten

Bevor man an einem vorliegenden Datenbestand eine Korrektur vornimmt, sollten die zu verändernden Datensätze herausgefiltert (=selektiert) werden, da die Korrektur in den meisten Fällen nicht den gesamten Datenbestand, sondern nur einen bestimmten Teil umfaßt. Die Datenselektion führt unter INFORMIX-SQL zu der Erstellung einer sog.

a k t u e l l e n Liste,

die temporär im Arbeitsspeicher abgelegt wird. Die gefilterten Datensätze werden blockweise in diese Liste übertragen. Mit der Benutzung der Optionen **Next, Previous, Remove** und **Update** des Menüs **Perform** greift der Anwender stets auf die Daten der aktuellen Liste zu. Kommt es zu Löschvorgängen oder Korrekturen, so führt das System automatisch eine entsprechende Korrektur auf dem Speichermedium durch.

Man leitet einen Suchvorgang bzw. eine Datenselektion ein, indem aus dem Menü **Perform**

```
PERFORM:    ... Current Master Detail Output Exit
Displays the current row of the current table.   ** 1: kunden table**
```

```
PERFORM:    Query Next Previous Add Update Remove Table Screen ...
Searches the active database table.              ** 1: kunden table**
```

die Option **Query** aktiviert wird. Der Anwender kann zur Formulierung einer Suchbedingung jedes Eingabefeld verwenden. Ist das Eingabefeld zu kurz, so wird automatisch in der Statuszeile weitergeschrieben. Dem Anwender steht dort dann ein maximal 77 Zeichen langer Eingabebereich zur Verfügung.
Im Rahmen der Festlegung von Suchbedingungen kann der Anwender diverse Operatoren verwenden, die es ihm ermöglichen, Bedingungen unterschiedlichster Art zu formulieren.

Hierbei unterscheidet man zwischen

Vergleichs-Operatoren,
Bereichs-Operatoren,
Minimum/Maximum-Operatoren und
Joker-Operatoren.

Vergleichs-, Bereichs- und Minimum/Maximum-Operatoren lassen sich auf jeden Datentyp anwenden, Joker-Operatoren lediglich auf den Datentyp CHAR. Im Rahmen der nachstehend vorgestellten Operatoren wird jeweils ein Beispiel angeführt. Dieses Beispiel bezieht sich stets auf die Struktur und den Datenbestand der Tabelle **kunden**.

Vergleichs-Operatoren:

=   realisiert das Anzeigen aller Datensätze, die in dem entsprechenden Datensatzfeld einen Inhalt aufweisen, der der formulierten Bedingung entspricht. Es ist nicht unbedingt erforderlich, das Gleichheitszeichen anzugeben. Ein allein stehendes Gleichheitszeichen bewirkt das Suchen nach Datensätzen, die in dem entsprechenden Datensatzfeld ein Leerfeld aufweisen.
Beispiel anhand des Feldes **name**:

= Meier
selektiert sämtliche Datensätze, in deren Feld **name** der Name **Meier** steht.

<>   zeigt alle Datensätze an, die in dem entsprechenden Datensatzfeld einen Inhalt aufweisen, der der formulierten Bedingung n i c h t entspricht.
Beispiel anhand des Feldes **name**:

<> Meier
selektiert sämtliche Datensätze, in deren Feld **name** nicht der Name **Meier** steht.

<   zeigt alle Datensätze an, die in dem entsprechenden Datensatzfeld einen Wert aufweisen, der kleiner ist als der vereinbarte.
Beispiel anhand des Feldes **kundennummer**:

< 2000
selektiert sämtliche Datensätze, deren Feld **kundennummer** einen Wert aufweist, der kleiner ist als **2000**.

<=   zeigt alle Datensätze an, die in dem entsprechenden Datensatzfeld einen Wert aufweisen, der kleiner ist als der vereinbarte oder diesem entspricht.

Korrekturen am Datenbestand 63

Beispiel anhand des Feldes **kundennummer**:

<= 2000
selektiert sämtliche Datensätze, deren Feld **kundennummer** einen Wert aufweist, der kleiner als oder gleich **2000** ist.

> realisiert das Anzeigen aller Datensätze, die in dem entsprechenden Datensatzfeld einen Wert aufweisen, der größer ist als der vereinbarte.
> Beispiel anhand des Feldes **kundennummer**:

> 2000
selektiert sämtliche Datensätze, deren Feld **kundennummer** einen Wert aufweist, der größer ist als **2000**.

>= zeigt alle Datensätze an, die in dem entsprechenden Datensatzfeld einen Wert aufweisen, der größer ist als der vereinbarte oder diesem entspricht.
Beispiel anhand des Feldes **kundennummer**:

>= 2000
selektiert sämtliche Datensätze, deren Feld **kundennummer** einen Wert aufweist, der größer oder gleich **2000** ist.

Bereichs-Operatoren:

| es können mehrere Werte eingegeben werden und zur Anzeige kommen alle Datensätze, die in dem entsprechenden Datensatzfeld einen dieser Werte aufweisen.
Beispiel anhand des Feldes **postleitzahl**:

1000 | 3000
selektiert sämtliche Datensätze, deren Feld **postleitzahl** entweder die Postleitzahl **1000** oder **3000** beinhaltet.

: realisiert das Anzeigen aller Datensätze, die in dem entsprechenden Datensatzfeld einen Wert aufweisen, der einem vereinbarten Wertebereich entspricht.
Beispiel anhand des Feldes **postleitzahl**:

1000 : 3999
selektiert sämtliche Datensätze, deren Feld **postleitzahl** eine Postleitzahl aufweist, die zwischen **1000** und **3999** (jeweils einschließlich) liegt.

Minimum/Maximum-Operatoren:

>>   realisiert das Anzeigen des Datensatzes, der in dem angegebenen Datensatzfeld den größten Wert aufweist. Ein Suchwert darf in diesem Fall nicht vereinbart werden.
Beispiel anhand des Feldes **kundennummer:**

>>
selektiert den Datensatz, der in dem Feld **kundennummer** den höchsten Wert aufweist.

<<   realisiert das Anzeigen des Datensatzes, der in dem angegebenen Datensatzfeld den kleinsten Wert aufweist. Ein Suchwert darf auch hier nicht vereinbart werden.
Beispiel anhand des Feldes **name:**

<<
selektiert den Datensatz des Kunden, der alphabetisch an erster Stelle steht.

Joker-Operatoren:

?   steht stellvertretend für e i n Zeichen. In jedem Suchbegriff kann man mehrere Fragezeichen verwenden.
Beispiel anhand des Feldes **postleitzahl:**

2???
selektiert sämtliche Datensätze, deren Feld **postleitzahl** eine Zahl aufweist, die mit 2 beginnt und vierstellig ist.

*   steht stellvertretend für m e h r e r e Zeichen. Das nebenstehende Zeichen kann man in jedem Suchbegriff mehrmals verwenden.
Beispiel anhand des Feldes **ort:**

*****burg
selektiert sämtliche Datensätze, deren Feld **ort** einen Wert aufweist, der mit der Zeichenkette **burg** endet.

Für jeden Suchvorgang kann der Anwender mehrere Suchbedingungen vereinbaren und dabei jedes Eingabefeld berücksichtigen.
Sind alle Bedingungen angegeben, so ist der Suchvorgang durch Betätigen der

E S C - Taste

auszulösen. Wird die ESC-Taste betätigt, ohne das eine Suchbedingung formuliert wurde, so überträgt INFORMIX-SQL den gesamten Datenbestand der entsprechenden Tabelle in die aktuelle Liste.

Nach jedem abgewickelten Suchvorgang zeigt das System in der Statuszeile an, wieviele Datensätze es gefunden hat. Wurden keine Datensätze gefunden, so erscheint die folgende Meldung:

```
There are no rows satisfying the conditions
```

Bei erfolgreichem Suchen wird der erste Datensatz der aktuellen Liste am Bildschirm angezeigt. Die Optionen

> **Next** und **Previous**

stellen sicher, daß der Datenbestand satzweise durchblätterbar ist. Dabei ist **Next** als "vor" und **Previous** als "zurück" definiert. Mit den Optionen

> **Update** und **Remove**

kann der Anwender den Datenbestand der aktuellen Liste manipulieren, wobei das System automatisch eine entsprechende Korrektur vornimmt.

6.2 Ändern von Daten

Bevor wir im Rahmen unserer praktischen Anwendung eine Korrektur des Datenbestandes unserer Tabelle **kunden** vornehmen, wollen wir aufzeigen, welche Arbeitsschritte zu diesem Zweck durchzuführen sind. Dabei gehen wir davon aus, daß das Perform-Menü bereits auf dem Bildschirm vorliegt.

1. Selektion des zu korrigierenden Datenbestandes im Rahmen der Option **Query**. (Hierdurch wird gleichzeitig die aktuelle Liste angelegt und die entsprechenden Datensätze übernommen.)
2. Auswahl des zu korrigierenden Datensatzes unter Einsatz der Optionen **Next** und **Previous**
3. Aktivieren der Option **Update**, sofern eine Korrektur vorzunehmen ist, oder

Remove, sofern der angewählte Datensatz zu löschen ist.
4. Hat man die Option **Update** aktiviert, so positioniert das System den Cursor auf die erste Stelle des ersten Eingabefeldes. Der Anwender kann nun seine Korrekturen durchführen. Das Versetzen des Cursors von einem Feld zum anderen kann man z.B. durch Betätigen der Cursorsteuerungstasten bewirken.
5. Speichern der Korrekturen durch Betätigen der ESC-Taste. Unmittelbar danach befindet sich der Cursor wieder im **Perform**-Menü.

In Kapitel 4 haben wir die Struktur des Datensatzes der Tabelle **kunden** verändert, indem die Felder

nationalitaet, telefon, kundenart und seit

nachträglich aufgenommen wurden. Wir wollen nun den Datenbestand der Tabelle **kunden** wie unten gezeigt aktualisieren. Die Pfeile deuten auf die Stellen, an denen die nötigen Datenergänzungen und Datenkorrekturen vorzunehmen sind.

	Satz 1	Satz 2	Satz 3
kundennummer	1000	1009	500
name	Meier	Gabler	Fuchs
vorname	Horst	Hans-Georg	Irene
strasse	Waldweg 3	Hauptstraße 4	An der Bahn 5
postleitzahl	2000	2730	1000
ort	Hamburg	Zeven	Berlin
nationalitaet	▶ D	▶ D	▶ D
telefon	▶ 040/123678	▶ 04281/12568	▶ 030/987654
kundenart	▶ H	▶ P	▶ P
seit	▶ 02/01/86	▶ 21/12/86	▶ 05/06/87

	Satz 4	Satz 5	Satz 6
kundennummer	9006	3078	6668
name	Wurm	Witzig	Specht
vorname	▶ Bernd	Olaf	▶ Emil
strasse	▶ Hammerstr. 199	▶ Hohe Luft 4	▶ Klosterweg 24
postleitzahl	▶ 2000	3000	2900
ort	▶ Hamburg	Hannover	Oldenburg
nationalitaet	▶ D	▶ D	▶ D
telefon	▶ 040/5021778	▶ 0541/502177	▶ 0441/7981000
kundenart	▶ G	▶ B	▶ P
seit	▶ 30/01/88	▶ 14/09/88	▶ 29/01/87

7 Modifikationen an einer Ausgabemaske

7.1 Die Standardausgabemaske

Im Abschnitt 3.4 haben wir eine Liste erstellt, die der Standardausgabemaske entspricht. Dabei speicherten wir die Maske in einer Datei namens **r_kunden.ace**.

Eine Standardliste liefert den Inhalt sämtlicher Tabellenspalten, und zwar dergestalt, daß satzweise zu jedem Datensatzfeld der entsprechende Feldinhalt angezeigt wird.
Eine solche Ausgabe kann bereits sehr umfassend und informativ sein. Jedoch ist auf den Listengenerator zu verweisen, mit dessen Hilfe der Anwender noch ausdrucksvollere Listen erzeugen kann. Insbesondere ermöglicht ihm dieser Generator, Listen seinen individuellen Bedürfnissen anzupassen.

Da wir im Abschnitt 4.3 für die Tabelle **kunden** die Satzstruktur geändert haben, wollen wir diese auch in bezug auf unsere Standardausgabedatei berücksichtigen. Zu diesem Zweck ist die "alte" Datei **r_kunden** zunächst zu löschen. Den Löschvorgang leitet man mit der Option **Drop** des **Report**-Menüs

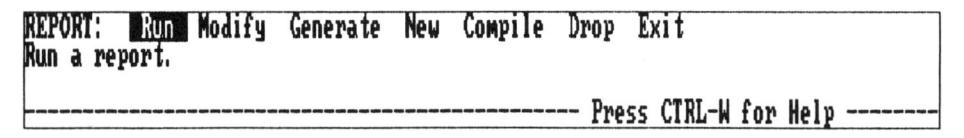

```
REPORT: Run Modify Generate New Compile Drop Exit
Run a report.
------------------------------------------------- Press CTRL-W for Help --------
```

ein. Die daraufhin folgende Sicherheitsabfrage des Systems ist entsprechend zu beantworten. Nach Beendigung des Löschvorgangs aktivieren wir die Option **Generate** des vorstehenden Menüs, um die "neue" Standardausgabedatei zu generieren. Der hierbei einzuhaltende Arbeitsvorgang entspricht dem im Abschnitt 3.4 beschriebenen. Der Standardausgabedatei (=Reportdatei) vergeben wir wieder den Namen **r_kunden** und weisen das System an, diese Datei der Tabelle **kunden** zuzuweisen. Selbstverständlich kann man auch eine zusätzliche Reportdatei unter einem anderen Namen anlegen, ohne eine bereits bestehende zu löschen. Doch ist es ratsam, darauf zu achten, daß keine "Dateileichen" entstehen; darunter versteht man Dateien, die z.B. aufgrund von Neuerungen nicht mehr benötigt werden.

Inhalt der Reportdatei r_kunden:
(entspricht der erweiterten Satzstruktur der Datei **kunden**)

```
database lager end
select
      kundennummer,
      name,
      vorname,
      strasse,
      postleitzahl,
      ort,
      nationalitaet,
      telefon,
      kundenart,
      seit
from kunden end
format every row end
```

Der Inhalt einer Reportdatei ist in die folgenden Abschnitte unterteilt:

- database
- define
- input
- output
- select
- format

Die Abschnitte sind stets in der vorstehenden Reihenfolge anzugeben. Während man die Abschnitte **database**, **select** und **format** in jeder Listenspezifikation berücksichtigen muß, sind alle anderen optional.

7.2 Ändern der Standardausgabemaske

Die sechs Abschnitte (=Reportentwurf) lassen sich modifizieren, und zwar über die Option

Modify

des Untermenüs **Report**. Für unsere praktische Anwendung wollen wir eine individuelle Ausgabemaske erstellen. Zu diesem Zweck ändern wir die Standardausgabemaske, indem wir die vorstehende Option aktivieren und dann die Tabelle **r_kunden** aufrufen, die dann mit Hilfe des Editors verändert wird.

Nach Erstellung der Datei kann der Anwender Adressenaufkleber ausdrucken, wobei das System auf den Datenbestand der Tabelle **kunden** zurückgreift.

Zu den einzelnen Abschnitten ist noch zu bemerken, daß sie immer mit einem Schlüsselwort beginnen (wie z.B. **database** oder **select**) und mit dem Schlüsselwort **end** abschließen müssen!

7.2.1 Abschnitt database

In diesem Bereich teilt man dem System den Namen der entsprechenden Datenbank mit. In unserem Beispiel ist dies die Datenbank **lager**, so daß wir die Zeile

```
database lager end
```

aus der Standardvorgabe übernehmen.

7.2.2 Abschnitt define

Der **define**-Abschnitt ist optional. Er ermöglicht das Definieren von Variablen, denen man nach dem Start des Listengenerators bestimmte Werte zuweisen kann. Hierzu werden in dem **input**-Abschnitt entsprechende Bildschirmabfragen formuliert.

VARIABLE <vname> <vtyp>

vname   repräsentiert den Namen der zu definierenden Variable.

vtyp   repräsentiert den Datentyp der zu definierenden Variable. Erlaubt sind die Datentypen CHAR, DATE, DECIMAL, FLOAT, MONEY, INTEGER, SMALLFLOAT und SMALLINT. Beim Datentyp CHAR muß die Zeichenlänge in Klammern angegeben werden. DECIMAL erlaubt das Angeben der Anzahl der Ziffern und der Nachkommastellen. Ohne diese Angaben liegt die Standardeinstellung vor, nämlich DECIMAL(16).

Wird der Listengenerator auf der Betriebssystemebene gestartet, so kann der Anwender auch von dort Werte übergeben.

Diese werden in speziellen Variablen, sogenannten PARAM-Variablen, abgespeichert. Hat man PARAM-Variable definiert, so muß sichergestellt sein, daß beim Aufruf des Listengenerators auch wirklich Werte übergeben werden. Ansonsten weist das System mit einer entsprechenden Fehlermeldung darauf hin.

PARAM <[<arg>]> <vname> <vtyp>

arg   symbolisiert die Position der **PARAM**-Variable innerhalb des **define**-Abschnitts. D.h. die erste vereinbarte Variable erhält die Position "1", die zweite "2" usw.

vname   repräsentiert den Namen der Variable, die beim Start des Listengenerators ihren Inhalt aus der Kommandozeile erhält. Unter der Kommandozeile versteht man die Befehlszeile, die auf der Ebene des Betriebssystems eingegeben wird und den Listengenerator interaktiv aufruft. (siehe hierzu auch den Anhang C).

vtyp   repräsentiert den Datentyp der Variable. Erlaubt sind die unter **VARIABLE** angeführten Datentypen.

Für jede Reportdatei können bis zu 100 Variablen (**VARIABLE** und **PARAM**) definiert werden. Verwendet man Variablen in den Abschnitten **select** oder **format**, so muß man ihnen ein Dollarzeichen ($) voranstellen. Für unsere individuelle Ausgabemaske wollen wir den folgenden **define**-Abschnitt konzipieren:

```
define
   VARIABLE start integer
end
```

7.2.3 Abschnitt input

Im Rahmen des **input**-Abschnitts veranlaßt man das System, nach dem Start des Listengenerators bestimmte Eingabewerte abzufragen. Dabei weist es die Eingabewerte den Variablen zu, die im **define**-Bereich deklariert sind.

        PROMPT FOR <vname> USING "<Zeichenkette>"

vname   repräsentiert den Namen der Variablen, die den Eingabewert aufnehmen soll.
zeichenkette repräsentiert den Abfragetext, den das System am Bildschirm anzeigt. Unmittelbar dahinter erfolgt die Werteingabe.

Es lassen sich in diesem Bereich mehrere Abfragen bzw. Eingaben formulieren. Für unsere Ausgabemaske wollen wir den folgenden **input**-Abschnitt konzipieren:

```
input
   PROMPT FOR start USING "Ab welcher Kundennummer soll ausgegeben werden ? "
end
```

7.2.4 Abschnitt output

Der optionale Abschnitt **output** legt fest, ob das System die Liste auf dem Bildschirm oder auf dem Drucker ausgeben soll, wobei die Standardeinstellung die Bildschirmausgabe ist. Desweiteren kann man in diesem Bereich das Layout festlegen.

output
    REPORT TO { "<dateiname>" | PRINTER }
    LEFT MARGIN <zahl>
    RIGHT MARGIN <zahl>
    TOP MARGIN <zahl>
    BOTTOM MARGIN <zahl>
    PAGE LENGTH <zahl>
end

Der vorstehenden Syntax sind verschiedene Anweisungen zu entnehmen. Für jede Anweisung besteht eine System-Voreinstellung, so daß man unter Umständen auf eine Angabe bzw. auf den gesamten **output**-Abschnitt verzichten kann. Verzichtet man auf den Einsatz der **REPORT TO**-Anweisung, so erscheint das Ergebnis auf dem Bildschirm.

REPORT TO { "<dateiname>" | PRINTER }

dateiname repräsentiert den Namen der Datei, in der die erstellte Liste abgespeichert wird. Der Name muß in Anführungszeichen stehen. Eine unter gleichem Namen bestehenden Datei wird ohne Warnung überschrieben.

PRINTER leitet die Ausgabe der erstellten Liste auf den Drucker, wobei man die entsprechende Schnittstelle durch die Systemvariable DBPRINT vereinbaren kann. Standardmäßig gilt unter MS-DOS die Schnittstelle "lpt1" und unter UNIX die Schnittstelle "lp".

LEFT MARGIN <zahl>

zahl legt die Anzahl der Leerzeichen zwischen dem linken Papierrand und dem Textbeginn fest. Standardmäßig bestehen 5 Zeichen.

RIGHT MARGIN <zahl>

zahl definiert die Gesamtzeilenbreite. Dabei geht das System von der Spalte 0 aus. Die Zeilenlänge ergibt sich also aus der Subtraktion LEFT MARGIN von RIGHT MARGIN. Standardmäßig ist RIGHT MARGIN die Spalte 132.

TOP MARGIN <zahl>

zahl legt den Rand zwischen Papieranfang und Textbeginn fest. Als Standardeinstellung besteht ein oberer Rand von 3 Leerzeilen.

BOTTOM MARGIN <zahl>

zahl legt den Rand zwischen Papier- und Textende fest. Als Standardeinstellung besteht ein unterer Rand von 3 Leerzeilen.

PAGE LENGTH <zahl>

zahl legt die Anzahl der Zeilen pro Seite fest. Die real nutzbaren Textzeilen ergeben sich aus den vereinbarten Zeilen abzüglich der für den oberen und unteren Rand definierten Leerzeilen. Die Standardeinstellung beläuft sich auf 66 Zeilen.

Für unsere Ausgabe konzipieren wir den folgenden **output**-Abschnitt:

```
output
   REPORT TO PRINTER
   LEFT MARGIN 10
   RIGHT MARGIN 80
   PAGE LENGTH 72
end
```

7.2.5 Abschnitt select

Mit der **select**-Anweisung vereinbart der Anwender die Tabellenspalten, die er in die Ausgabe einbeziehen möchte. Im Kapitel 10 kommen wir noch einmal ausführlich auf die **select**-Anweisung zurück. Der nachstehende **select**-Abschnitt, den wir für unsere Ausgabe erfassen wollen, weist lediglich diejenigen Spalten der Tabellen auf, die wir für die Ausgabe von Adressenaufklebern benötigen:

```
select
   kundennummer, name, vorname, strasse,
   postleitzahl, ort, nationalitaet
from
   kunden WHERE kundennummer >= $start
   ORDER BY kundennummer
end
```

7.2.6 Abschnitt format

In dem **format**-Abschnitt wird das eigentliche Listen-Layout festgelegt. Hierbei wird zwischen der Standardliste und der individuellen Liste unterschieden.

Syntax für die Standardliste:

format
   EVERY ROW
end

Syntax für die individuelle Liste mit den max. 7 Kontrollblöcken:

format
    FIRST PAGE HEADER <anweisungen>
    PAGE HEADER <anweisungen>
    PAGE TRAILER <anweisungen>
    ON EVERY ROW <anweisungen>
    ON LAST ROW <anweisungen>
    BEFORE GROUP OF <spaltenname> <anweisungen>
    AFTER GROUP OF <spaltenname> <anweisungen>
end

Im Gegensatz zu der Standardliste, in der jeder Datensatz unformatiert ausgegeben wird, kann man im Rahmen einer individuellen Liste zum Beispiel Seiten- und Spaltenüberschriften oder Positions- und Formatanweisungen für die einzelnen Daten und Fußnoten bestimmen. Es besteht die Möglichkeit, bis zu 7 Kontrollblöcke zu vereinbaren, wobei aber mindestens einer zu definieren ist.

Der Kontrollblock **FIRST PAGE HEADER** <anweisungen>

veranlaßt das Ausdrucken einer Überschrift auf der e r s t e n Ausgabeseite der Liste. Die Überschrift wird durch **anweisungen** definiert und an dem oberen Seitenrand ausgegeben. Im Anschluß an die Erläuterungen zu den einzelnen Kontrollblöcken erfolgt eine ausführliche Beschreibung der möglichen Anweisungen; jedoch dürfen die Anweisungen **SKIP TO TOP OF PAGE** und **PRINT FILE** hier nicht verwendet werden.

Der Kontrollblock **PAGE HEADER** <anweisungen>

veranlaßt auf j e d e r Seite die Ausgabe einer mit **anweisungen** definierten Überschrift am oberen Seitenrand. Wird gleichzeitig der zuvor behandelte Kontrollblock verwendet, so beginnt die Ausgabe dieser Überschrift erst auf der zweiten Seite. Die Anweisungen **SKIP TO TOP OF PAGE** und **PRINT FILE** sind nicht zulässig.

Der Kontrollblock **PAGE TRAILER** <anweisungen>

veranlaßt am unteren Seitenrand die Ausgabe bestimmter mit **anweisungen** definierter Informationen. Die Anweisungen **SKIP TO TOP OF PAGE** und **PRINT FILE** dürfen hier nicht verwendet werden.

Der Kontrollblock **ON EVERY ROW** <anweisungen>

veranlaßt die Ausgabe aller Datensätze.

Der Kontrollblock **ON LAST ROW** <anweisungen>

veranlaßt das System, die **anweisungen** auszuführen, wenn es den letzten Datensatz, der mit der select-Anweisung gefunden wurde, abgearbeitet hat. Dies ist z.B. bei der Ausgabe von Gesamtsummen nützlich.

Der Kontrollblock **BEFORE GROUP OF** <spaltenname> <anweisungen>

darf man nur dann verwenden, wenn man im **select**-Abschnitt den Kontrollblock **ORDER BY** angegeben hat, denn **BEFORE GROUP OF** nimmt nur die Bearbeitung sortierter Datensätze vor. Der angegebene **spaltenname** muß also in beiden Fällen identisch sein. Die **anweisungen** werden am Anfang der Datenliste und vor jedem Gruppenwechsel (=Änderung von spaltenname) abgearbeitet.

Der Kontrollblock **AFTER GROUP OF** <spaltenname> <anweisungen>

entspricht den Erläuterungen zu **BEFORE GROUP OF**. Allerdings werden die **anweisungen** nach jedem Gruppenwechsel (=Änderung von "spaltenname") und am Ende der Datenliste abgearbeitet.

Anweisungen im Rahmen der Kontrollblöcke:

Innerhalb eines Kontrollblockes kann der Anwender mit bestimmten Anweisungen unterschiedliche Aktionen durchführen lassen. Dabei kann er sowohl einzelne als auch zusammengesetzte (=mehrere) Anweisungen vereinbaren, wobei mehrere Anweisungen stets mit den Schlüsselwörtern **BEGIN** und **END** einzugrenzen sind. (Neben den nachstehend aufgeführten Anweisungen befinden sich noch weitere Anweisungen im Anhang F)

CLIPPED

trennt bei einem Zeichenfeld die nachfolgenden Leerzeichen ab.

Beispiel: **PRINT vorname, CLIPPED, 1 SPACE, name**

        stellt sicher, daß zwischen **vorname** und **name** stets nur eine Leerstelle besteht.

COLUMN <num_ausdruck>

positioniert die Ausgabe in der mit **num_ausdruck** vereinbarten Spalte. Dabei betrachtet der Listengenerator den im Abschnitt output vereinbarten linken Rand als Spalte "0".

Beispiel: **PRINT COLUMN 30, kundenart**

stellt sicher, daß der Inhalt der Variable **kundenart** beginnend in der Spalte 40 ausgegeben wird, wenn mit der LEFT MARGIN-Anweisung der linke Rand auf Spalte 10 vereinbart wurde.

DATE

liefert eine Zeichenkette, die das aktuelle Datum in der Form

Tag als Text (=3 Zeichen),
Monat als Text (=3 Zeichen),
Jahr als Zahl (=2 Ziffern) und
Jahr als Zahl (=4 Ziffern)

enthält. Mit Subskripten kann man Einzelbereiche herausfiltern.

Beispiele: **PRINT DATE**

liefert das Rechnerdatum in der folgenden Form: **Mon Feb 13 1989**

PRINT DATE[9,10],". ",DATE[5,7]," ",DATE[12,15]

liefert das Rechnerdatum in der folgenden Form: **13. Feb 1989**

IF <bedingung> THEN <anweisungen> [ELSE <anweisungen>]

realisiert, daß das System eine oder mehrere Anweisung/en nur bei Vorliegen einer bestimmten Bedingung ausführt. In einer Bedingung kann man folgende Vergleichsoperatoren einsetzen:

= <> < > <= >=

Wird eine hinter IF formulierte Bedingung erfüllt, so wird die/der hinter THEN stehende Anweisung/Anweisungsblock ausgeführt. Mit dem optionalen ELSE formuliert man eine Anweisung, die ausgeführt wird, wenn die hinter IF angegebene Bedingung nicht erfüllt, also "unwahr" ist.

Modifikationen an einer Ausgabemaske 77

Beispiel: **IF i=10 THEN LET a=100 ELSE LET b=200**

weist der Variablen **a** einen Wert von **100** zu, sofern die Laufvariable i gleich 10 ist. Andernfalls wird **b** der Wert **200** zugewiesen.

LET

weist einer im **define**-Abschnitt deklarierten Variablen einen Wert zu.

Beispiel: **LET result=a*b/c**

weist der Variablen **result** das Ergebnis der rechts neben dem Vergleichsoperator stehenden Berechnung (**a*b/c**) zu.

NEED <num_ausdruck> LINES

bewirkt, daß eine bestimmte Zeilenzahl - vereinbart durch **num_ausdruck** - stets zusammenstehend ausgegeben wird. Paßt ein so aufbereiteter Textbaustein nicht mehr auf eine Seite, so wird er am Anfang der folgenden Seite ausgegeben.

PAUSE [<zeichenkette>]

bewirkt bei der Ausgabe auf dem Bildschirm eine Unterbrechung. Dabei besteht mit **zeichenkette** die Möglichkeit zum Anzeigen eines erläuternden Textes. Mit dem Betätigen der RETURN-Taste weist man das System an, die Ausgabe fortzuführen.

PRINT [<ausdruckliste>] [;]

dient der Ausgabe von Daten. Eine **PRINT**-Anweisung ohne Optionen bewirkt die Ausgabe einer Leerzeile.

ausdruckliste   ist optional und kann mehrere durch ein Komma voneinander getrennte Ausdrücke enthalten. Ausdrücke können in diesem Zusammenhang Variablennamen, in Anführungsstrichen stehende Texte oder Anweisungen sein.

;   verhindert einen Zeilenvorschub, der ohne Angabe des Semikolons standardmäßig durchgeführt wird. Nachfolgende Ausgaben erfolgen dann unmittelbar in dieser Zeile.

SKIP <zahl> LINES

erzeugt eine mit **zahl** bestimmte Anzahl von Leerzeilen.

SKIP TO TOP OF PAGE

veranlaßt das System, die Ausgabe am Anfang der nächsten Seite fortzusetzen.

<num_ausdruck> SPACES

erzeugt eine mit **num_ausdruck** festgelegte Anzahl von Leerstellen. Die Anweisung ist gleichbedeutend mit einer in Anführungszeichen stehenden leeren Zeichenkette.

Beispiel: **PRINT kundenart, 20 SPACES, seit**

> erzeugt zwischen den Ausgabewerten der beiden Variablen **kundenart** und **seit** einen Leerraum von 20 Stellen.

TODAY

ruft das aktuelle Rechnerdatum ab. Die Ausgabeform ist abhängig von der Umgebungsvariablen DBDATE. Es sei denn, man verwendet die **USING**-Anweisung.

Beispiel: **PRINT TODAY**

> gibt das aktuelle Rechnerdatum aus, z.B. 13/02/1989.

<num_ausdruck1> USING "<num_ausdruck2>"

dient dazu, Zahlen und Texte in formatierter Form ausgeben zu können. So ist es z.B. möglich, ein Datum in unterschiedlichen Formaten darzustellen.

num_ausdruck1   legt den durch USING zu formatierenden Ausdruck fest.
num_ausdruck2   steht für die Formatzeichen, die bestimmen, in welcher Form die Ausgabe zu erfolgen hat. Diese Zeichenfolge ist in Anführungszeichen zu setzen.

Formatzeichen für numerische Ausdrücke (=Zahlen):

*   *   füllt sämtliche Leerstellen eines Ausgabefeldes mit einem Stern aus.
*   &   füllt sämtliche Leerstellen eines Ausgabefeldes mit einer Null aus.
*   #   stellt sicher, daß die installierten Leerstellen eines Ausgabefeldes auch Leerstellen bleiben.
*   <   stellt eine linksbündige Ausgabe sicher (Standard = rechtsbündig).
*   ,   kann man in der Formatzeichenfolge mehrmals verwenden. Es wird allerdings nur angezeigt, wenn links von ihm eine Zahl steht.

.	kann man in der Formatzeichenfolge nur einmal verwenden. Der Dezimalpunkt wird im Ausgabefeld stets angezeigt.
-	wird nur dann angezeigt, wenn **num_ausdruck1** kleiner als Null ist.
()	sind sog. Buchführungsklammern, die anstatt eines Minuszeichens verwendet werden, um eine negative Zahl darzustellen.

Beispiel: **PRINT betrag USING "***************"**

stellt sicher, daß in einem numerischen Ausbefeld dem Wert der Variablen **betrag** ein Stern (*) vorangestellt wird, wenn der Wert weniger als 15 Stellen besitzt.

Formatzeichen für den Datums-Ausdruck:

dd	Monatstag als zweistellige Zahl.
ddd	Wochentag als englisches Buchstabenkürzel, wie z.B. "Mon" für Montag.
mm	Monat als zweistellige Zahl.
mmm	Monat als englisches Buchstabenkürzel, wie z.B. "Feb" für Februar.
yy	Jahr (im 20. Jahrhundert) als zweistellige Zahl.
yyyy	Jahr als vierstellige Zahl.

Beispiel: **PRINT TODAY USING "ddd den dd/mm/yyyy"**

gibt das Datum in folgender Form aus: **Fri den 17/02/1989**

Ergänzender Hinweis:

Benutzt der Anwender nicht die Anweisungen **CLIPPED** oder **USING**, so entsprechen die Ausgabelängen der Variablen der Standardeinstellung. Die nachfolgende Tabelle enthält hierzu eine Übersicht:

Datentyp	Standard-Ausgabelänge
CHAR	vereinbarte Feldlänge
DATE	10 Positionen
DECIMAL	vereinbarte Feldlänge, zuzüglich der Vorzeichen und des Dezimalpunktes
FLOAT	14 Positionen, einschließlich der Vorzeichen und des Dezimalpunktes
INTEGER	11 Positionen, einschließlich der Vorzeichen
MONEY	vereinbarte Feldlänge, zuzüglich der Vorzeichen, des Dezimalpunktes und des Währungszeichens

SERIAL   11 Positionen
SMALLINT   6 Positionen, einschließlich der Vorzeichen
SMALLFLOAT 14 Positionen, einschließlich der Vorzeichen und des Dezimalpunktes

Für unsere praktische Anwendung wollen wir nun unseren **format**-Abschnitt wie folgt definieren:

```
format
   ON EVERY ROW
   BEGIN
      PRINT COLUMN 5, name CLIPPED, ", ", vorname
      PRINT COLUMN 5, strasse
      SKIP 1 LINE
      PRINT COLUMN 5, nationalitaet CLIPPED, "-", postleitzahl CLIPPED,
         1 SPACE, ort
      SKIP 2 LINES
      NEED 6 LINES
   END
end
```

Nachdem wir alle sechs Abschnitte für unsere Anwendung berücksichtigt haben, wollen wir den Editor verlassen. Unmittelbar darauf erscheint auf dem Bildschirm das folgende Menü:

```
MODIFY REPORT:  Compile  Save-and-exit  Discard-and-exit
Compile the report specification.
------------------------------------------------- Press CTRL-W for Help --------
```

Hieraus aktivieren wir die Option

        Compile ,

und das System übersetzt die entwickelte Maske. Über den Dateinamen **r_kunden** können wir nun unsere individuelle Ausgabemaske jederzeit aufrufen.

Modifikationen an einer Ausgabemaske

Die sechs Abschnitte unserer individuellen Ausgabemaske:

```
database  lager   end
define
   VARIABLE start integer
end
input
   PROMPT FOR start USING "Ab welcher Kundennummer soll ausgegeben werden ? "
end
output
   REPORT TO PRINTER
   LEFT MARGIN 10
   RIGHT MARGIN 80
   PAGE LENGTH 72
end
select
    kundennummer, name, vorname, strasse,
    postleitzahl, ort, nationalitaet
from
   kunden WHERE kundennummer >= $start
   ORDER BY kundennummer
end
format
   ON EVERY ROW
   BEGIN
      PRINT COLUMN 5, name CLIPPED, ", ", vorname
      PRINT COLUMN 5, strasse
      SKIP 1 LINE
      PRINT COLUMN 5, nationalitaet CLIPPED, "-", postleitzahl CLIPPED,
           1 SPACE, ort
      SKIP 2 LINES
      NEED 6 LINES
   END
end
```

Kundenadressen gemäß unserer individuellen Ausgabemaske:

```
Fuchs, Irene
An der Bahn 5

D-1000 Berlin


Meier, Horst
Waldweg 3

D-2000 Hamburg


Gabler, Hans-Georg
Hauptstraße 4

D-2730 Zeven


Witzig, Olaf
Hohe Luft 4

D-3000 Hannover


Specht, Emil
Klosterweg 24

D-2900 Oldenburg


Wurm, Bernd
Hammerstr. 199

D-2000 Hamburg
```

8 Tabellen-Verknüpfungen

In den vorangegangenen Kapiteln haben wir uns ausschließlich mit der Verwaltung der Kundenstammdaten beschäftigt und in diesem Zusammenhang folgende Dateien erstellt:

- **kunden**   ==>   Tabelle mit den Kundenstammdaten
- **f_kunden.per** ==>   beinhaltet unsere individuelle Eingabemaske zur Bearbeitung von Kundendaten
- **r_kunden.ace** ==>   beinhaltet unsere individuelle Ausgabemaske zur Bearbeitung von Kundendaten

Wir wollen nun unsere praktische Anwendung ausbauen und in der Datenbank **lager** weitere Tabellen anlegen, die es ermöglichen, neben einer Verwaltung von Kundenstammdaten, eine Bearbeitung von

Artikelstammdaten und Auftragsdaten

durchzuführen.
Darüber hinaus soll unsere praktische Anwendung in die Möglichkeit der Tabellenverknüpfung unter INFORMIX-SQL einführen. Zu diesem Zweck erstellen wir eine **Report**-Datei, die das Schreiben einer/eines Rechnung/Lieferscheins realisiert. Hierbei muß das System sowohl auf Kunden- und Artikelstammdaten als auch auf Daten der Auftragseingänge zurückgreifen, also mehrere Tabellen miteinander verknüpfen.

8.1 Verwaltung der Artikelstammdaten

Für die Verwaltung der Artikelstammdaten wollen wir die folgenden Tabellen und Dateien erstellen:

- **artikel**   ==>   beinhaltet unsere Tabelle mit den Artikelstammdaten
- **f_art.per**   ==>   beinhaltet unsere individuelle Eingabemaske zur Bearbeitung von Artikeldaten
- **r_art.ace**   ==>   beinhaltet unsere individuelle Ausgabemaske zur Bearbeitung von Artikeldaten

Bei der Erstellung der Tabelle gehen wir schrittweise vor und orientieren uns an den nachfolgenden Abbildungen. Diese beschreiben zum einen die Satzstruktur der Tabelle **artikel** und zeigen zum anderen den Inhalt der jeweiligen Tabelle auf. Entsprechende Vermerke verweisen auf die vorangegangen Kapitel, in denen man sich gegebenenfalls die Arbeitsschritte zur Erstellung der Tabelle noch einmal verdeutlichen kann.

8.1.1 Tabellenaufbau

Die Datensatzstruktur unserer Stammdatei **artikel**:
(siehe auch Kapitel 3.2 - Anlegen einer Tabelle)

Column Name	Type	Length	Index	Nulls
artikelnummer	Integer		Unique	No
bezeichnung	Char	20		Yes
verpackungseinheit	Smallint			Yes
lagerzone	Char	1		Yes
lagerort	Char	4		Yes
einkaufspreis	Money	8,2		Yes
listenpreis	Money	8,2		Yes
mengeneinheit	Char	2		Yes
bestand	Integer			Yes

Der Spaltenname **artikelnummer** wird als einziges mit einem eindeutigen Index belegt. Die anderen Spalten soll eine Auswahl aus den Möglichkeiten von Artikelstammdaten sein. Neben einer **bezeichnung** soll noch die **verpackungseinheit** (Anzahl der Teile in einer Packung), die **mengeneinheit** (Stück, Meter u.ä.), die **lagerzone**, der **lagerort** und der **bestand** erfaßt werden. Wichtig ist für die Auftragsabwicklung noch der **einkaufspreis** und der **listenpreis**.

8.1.2 Eingabemaske

Die fünf Abschnitte unserer individuellen Eingabemaske f_art.per :
(siehe auch Kapitel 5.2 - Ändern der Standardeingabemaske)

```
database lager
screen
{
--------------------------------------------------------------------------------
E R F A S S E N           A R T I K E L S T A M M D A T E N
--------------------------------------------------------------------------------

Artikelnummer       [a001      ]

Bezeichnung         [a002                ]


Verpackungseinheit  [a003]

Mengeneinheit       [a01]

Lagerzone           [a]           Lagerort          [a004]

Einkaufspreis       [a005    ]    Listenpreis       [a006      ]

                                  Bestand   [a007   ]

--------------------------------------------------------------------------------
}
end
tables artikel
attributes
a001 = artikelnummer,
       REVERSE, VERIFY, REQUIRED, NOUPDATE, COMMENTS=
       "Bitte die Artikelnummer zweimal eingeben !";
a002 = bezeichnung,
       REQUIRED, COMMENTS= "Bitte die Arikelbezeichnung eingeben !";
a003 = verpackungseinheit,
       DEFAULT=1, COMMENTS= "Bitte die Anzahl pro Packung eingeben!";
a01  = mengeneinheit,
       INCLUDE=(cm,kg,l,m,st,t), COMMENTS=
```

```
            "(m)Meter,(cm)Zentimeter,(st)Stück,(kg)Kilo,(l)Liter,(t)Tonne";
a    = lagerzone;
a004 = lagerort;
a005 = einkaufspreis;
a006 = listenpreis;
a007 = bestand;
instructions
AFTER EDITADD EDITUPDATE OF bestand
      NEXTFIELD=EXITNOW
end
```

8.1.3 Datenbestand

Der Datenbestand unserer Artikelstammdatei :
(siehe auch Kapitel 3.3 - Datenerfassung)

	Satz 1	Satz 2	Satz 3
artikelnummer	1	11	114
bezeichnung	Hammer	Bohrmaschine	Schraube M3
verpackungseinheit	1	1	100
mengeneinheit	st	st	st
lagerzone	a	a	c
lagerort	a20	a35	c001
einkaufspreis	7.50	135.20	6.45
listenpreis	12.95	199.00	8.30
bestand	100	20	50
	Satz 4	**Satz 5**	**Satz 6**
artikelnummer	26	140	112
bezeichnung	Kreissäge	Schubkarre	Steckdosen
verpackungseinheit	1	1	10
mengeneinheit	st	st	st
lagerzone	a	a	c
lagerort	d24	e32	c120
einkaufspreis	87.10	54.00	36.30
listenpreis	139.98	78.95	52.78
bestand	9	15	30

8.1.4 Ausgabemaske

Die sechs Abschnitte unserer individuellen Ausgabemaske r_art.ace :
(siehe auch Kapitel 7.2 - Ändern der Standardausgabemaske)

```
database
   lager
end
define
   VARIABLE start integer
end
input
   PROMPT FOR start USING "Ab welcher Artikelnummer soll ausgegeben werden ?"
end
output
   REPORT TO PRINTER
   LEFT MARGIN 10
   RIGHT MARGIN 80
   PAGE LENGTH 72
end
select
   artikelnummer, bezeichnung, verpackungseinheit, lagerzone, lagerort,
   einkaufspreis, listenpreis, mengeneinheit, bestand
from
   artikel WHERE artikelnummer >= $start
   ORDER BY artikelnummer
end
format
   PAGE HEADER
   BEGIN
      PRINT "Ausgabe der Artikelstammdaten",COLUMN 32,"Stand : ",
            today USING "dd.mm.yyyy",COLUMN 60,"Seite ",PAGENO USING "###"
      SKIP 1 LINE
   END
   ON EVERY ROW
   BEGIN
      PRINT artikelnummer USING "#########",COLUMN 15,bezeichnung
      SKIP 1 LINE
      PRINT COLUMN 15,"Verpackungseinheit : ",verpackungseinheit USING "####"
      PRINT COLUMN 15,"Lagerort :",lagerort,
            COLUMN 50,"Lagerzone : ",lagerzone
```

```
        SKIP 1 LINE
        PRINT COLUMN 15,"Einkaufspreis : ",einkaufspreis USING "###,###.##",
            1 SPACE,"DM"
        PRINT column 15,"Verkaufspreis : ",
            listenpreis USING "###,###.##",1 SPACE,"DM"
        SKIP 1 LINE
        PRINT COLUMN 15,"Bestand am Lager : ",bestand USING "#########",
            1 SPACE,mengeneinheit
        SKIP 2 LINES
        NEED 9 LINES
    END
end
```

8.1.5 Ergebnis der Ausgabe

Ausgabeform des gesamten Artikelbestands gemäß unserer Ausgabedatei :

```
        Ausgabe der Artikelstammdaten   Stand : 04.06.1989              Seite   1

                1       Hammer

                        Verpackungseinheit :    1
                        Lagerort : a20                          Lagerzone : a

                        Einkaufspreis :         7.50 DM
                        Verkaufspreis :        12.95 DM

                        Bestand am Lager :       100 st


               11       Bohrmaschine

                        Verpackungseinheit :    1
                        Lagerort : a35                          Lagerzone : a

                        Einkaufspreis :       135.20 DM
                        Verkaufspreis :       199.00 DM

                        Bestand am Lager :        20 st
```

Tabellen-Verknüpfungen 89

26   Kreissäge

    Verpackungseinheit :   1
    Lagerort : d24   Lagerzone : a

    Einkaufspreis :   87.10 DM
    Verkaufspreis :   139.98 DM

    Bestand am Lager :   9 st

112   Steckdosen

    Verpackungseinheit :   10
    Lagerort : c120   Lagerzone : c

    Einkaufspreis :   36.30 DM
    Verkaufspreis :   52.78 DM

    Bestand am Lager :   30 st

114   Schraube M3

    Verpackungseinheit : 100
    Lagerort : c001   Lagerzone : c

    Einkaufspreis :   6.45 DM
    Verkaufspreis :   8.30 DM

    Bestand am Lager :   50 st

140   Schubkarre

    Verpackungseinheit :   1
    Lagerort : e32   Lagerzone : a

    Einkaufspreis :   54.00 DM
    Verkaufspreis :   78.95 DM

    Bestand am Lager :   15 st

8.2 Verwaltung der Auftragseingänge

Für die Verwaltung der Auftragseingänge wollen wir die folgenden Tabellen und Dateien erstellen:

- **grunddaten**   ==>   beinhaltet grundsätzliche Daten für einen Auftrag, und zwar die Kundennummer, das Auftragsdatum und eventuell Bemerkungen
- **positionen**   ==>   beinhaltet spezielle Daten für einen Auftrag, und zwar die Artikelnummer und die Menge
- **f_auf**   ==>   beinhaltet unsere individuelle Eingabemaske zur Auftragsverwaltung
- **r_auf**   ==>   beinhaltet unsere individuelle Ausgabemaske (=Rechnung/ Lieferschein)

Bei der Erstellung der beiden Tabellen gehen wir ebenfalls schrittweise vor und orientieren uns wieder an den nachfolgenden Abbildungen.

8.2.1 Datensatzstruktur

Die Datensatzstruktur der Tabelle **grunddaten**:

Column Name	Type	Length	Index	Nulls
auftragsnummer	Serial		Unique	No
kundennummer	Integer		Dups	No
datum	Date			No
bemerkung	Char	30		Yes

Die Datensatzstruktur der Tabelle **positionen**:

Column Name	Type	Length	Index	Nulls
auftragsnummer	Integer		Dups	No
artikelnummer	Integer		Dups	No
menge	Integer			Yes

Tabellen-Verknüpfungen

8.2.2 Eingabemaske

Die fünf Abschnitte unserer individuellen Eingabemaske f_auf.per :

```
database lager
screen
{
--------------------------------------------------------------------------------
E R F A S S E N            A U F T R Ä G E
--------------------------------------------------------------------------------


Auftragsnummer       [b001     ]


Kundennummer         [b002     ]   [z1                          ]
                                   [z2                          ]


Auftragsdatum        [b003     ]


Bemerkung            [b004                        ]
================================================================================
Auftrag [b001     ]                      nächste freie Positionsnummer  [z7]

Artikelnummer        [p001     ]   Menge [p002  ]

Artikelbezeichnung [z3                      ]     Einzelpreis      [z4      ]
           Bestand [z5       ]                    Summe            [z6      ]
--------------------------------------------------------------------------------
}
end
tables grunddaten, positionen, artikel, kunden
attributes
b001 = * grunddaten.auftragsnummer = positionen.auftragsnummer,
       NOENTRY, NOUPDATE, REVERSE;
b002 = grunddaten.kundennummer,
       QUERYCLEAR, REVERSE, REQUIRED, COMMENTS=
       "Bitte eine gültige Kundennummer eingeben !",
       LOOKUP z1 = kunden.name,
              z2 = kunden.ort,
              JOINING * kunden.kundennummer;
b003 = grunddaten.datum,
       DEFAULT=TODAY, FORMAT="dd.mm.yyyy";
```

```
            b004 = grunddaten.bemerkung;
{==============================================================================}
            p001 = positionen.artikelnummer,
                   QUERYCLEAR, REVERSE, REQUIRED, COMMENTS=
                   "Bitte eine gültige Artikelnummer eingeben !",
                   LOOKUP z3 = artikel.bezeichnung,
                          z4 = artikel.listenpreis,
                          z5 = artikel.bestand,
                          JOINING * artikel.artikelnummer;
            p002 = positionen.menge,
                   DEFAULT=1;
{==============================================================================}
            z6   = DISPLAYONLY type money;
            z7   = DISPLAYONLY type integer;
            instructions
            grunddaten MASTER OF positionen;
            AFTER   QUERY OF positionen
                    LET z7=(COUNT OF p001) + 1
            AFTER   EDITADD EDITUPDATE OF grunddaten.bemerkung
                    BEGIN
                        COMMENTS BELL REVERSE
                        "Zur Erfassung der Einzelpositionen DETAIL drücken !!!"
                        NEXTFIELD=exitnow
                    END
            BEFORE  EDITADD EDITUPDATE OF positionen.artikelnummer
                    LET z7=(COUNT OF p001) + 1
            AFTER   EDITADD EDITUPDATE OF positionen.menge
                    IF p002 > z5
                    THEN
                        BEGIN
                            COMMENTS BELL REVERSE
                            "So viele Teile von diesem Artikel sind nicht mehr da !"
                            NEXTFIELD=p002
                        END
                    ELSE
                        BEGIN
                            LET z6=p002*z4
                            NEXTFIELD=exitnow
                        END
            end
```

Tabellen-Verknüpfungen

Die Eingabemaske besteht aus zwei Teilen, einem oberen und einem unteren Teil, die durch eine gestrichelte Linie voneinander getrennt sind. Im oberen Teil werden Daten für die Tabelle **grunddaten** erfaßt und im unteren für die Tabelle **positionen**. Für die Erfassung der Aufträge werden alle 4 Tabellen (**kunden, artikel, grunddaten** und **positionen**) verwendet.

Beide Tabellen **grunddaten** und **positionen** sind über den Spaltennamen **auftragsnummer** miteinander verknüpft. Bei der Verknüpfung ist zu beachten, daß die Datenbankspalten vom gleichen Datentyp sind. Vor die dominante Spalte wird ein Stern gesetzt. So kann geprüft werden, ob ein Wert in einer anderen Tabelle schon vorhanden ist. Es können also in unserem Falle keine **auftragsnummer** in der Tabelle **positionen** eingetragen werden, wenn nicht vorher in der Tabelle **grunddaten** eine **auftragsnummer** eingegeben wurde:

```
b001 = * grunddaten.auftragsnummer = positionen.auftragsnummer,
       NOENTRY, NOUPDATE, REVERSE;
```

Auf die Vergabe der Auftragsnummer hat der Anwender keinen Einfluß, da sie automatisch vom System vergeben wird (=SERIAL-Spalte).

Bei der Eingabe der Kundennummer wird eine Verknüpfung über das Attribut LOOKUP mit der Tabelle **kunden** realisiert, und zwar dergestalt, daß sich das System nach der Eingabe der Kundennummer aus der Kundenstammdatei den Namen und den Wohnort des Kunden holt und in den Feldern z1 und z2 anzeigt. Wird versehentlich eine falschen Kundennummer eingegeben, so fordert das System dazu auf, die Eingabe zu wiederholen:

```
b002 = grunddaten.kundennummer,
       QUERYCLEAR, REVERSE, REQUIRED, COMMENTS=
       "Bitte eine gültige Kundennummer eingeben !",
       LOOKUP z1 = kunden.name,
              z2 = kunden.ort,
       JOINING * kunden.kundennummer;
```

Nachdem man das Auftragsdatum (Voreinstellung ist das aktuelle Systemdatum des Rechners) und eventuell eine Bemerkung eingegeben hat, speichert INFORMIX-SQL die Daten automatisch in der Tabelle **grunddaten** ab. (Siehe **instructions**-Teil):

```
AFTER   EDITADD EDITUPDATE OF grunddaten.bemerkung
        BEGIN
            COMMENTS BELL REVERSE
            "Zur Erfassung der Einzelpositionen DETAIL drücken !!!"
            NEXTFIELD=exitnow
        END
```

Gleichzeitig wird der Anwender dazu aufgefordert, im unteren Teil der Eingabemaske die Bestellung des Kunden zu erfassen. Mit der Option **Detail** (siehe Menüzeile am oberen Bildschirmrand) kann man den unteren Bereich aktivieren.

Bei der Erfassung der Einzelpositionen für einen Auftrag wird in der Tabelle **positionen** keine Auftragsnummer vergeben. Es ist als erstes eine Artikelnummer einzugeben, die eine weitere Verknüpfung realisiert, und zwar zu den Artikelstammdaten. Sofern die Artikelnummer vorhanden ist, blendet das System nach deren Eingabe die Bezeichnung (Feld z3), den Listenpreis (Feld z4) und den aktuellen Bestand des Artikels (Feld z5) am Bildschirm ein:

```
p001 = positionen.artikelnummer,
       QUERYCLEAR, REVERSE, REQUIRED, COMMENTS=
       "Bitte eine gültige Artikelnummer eingeben !",
       LOOKUP z3 = artikel.bezeichnung,
              z4 = artikel.listenpreis,
              z5 = artikel.bestand,
              JOINING * artikel.artikelnummer;
```

Das Erfassen der Menge zieht eine Überprüfung nach sich. Dabei wird zunächst geprüft, ob der Artikel in der gewünschten Menge vorhanden ist. Ist das nicht der Fall, erscheint eine entsprechende Meldung und die Eingabe ist zu wiederholen. Im anderen Fall wird der Gesamtpreis berechnet (menge*listenpreis) und am Bildschirm (Feld z6) angezeigt.

```
AFTER   EDITADD EDITUPDATE OF positionen.menge
        IF p002 > z5
        THEN
           BEGIN
              COMMENTS BELL REVERSE
              "So viele Teile von diesem Artikel sind nicht mehr da !"
              NEXTFIELD=p002
           END
        ELSE
           BEGIN
              LET z6=p002*z4
              NEXTFIELD=exitnow
           END
```

Nach Eingabe der gewünschten Mengen wird der Datensatz abgespeichert. Über die Option **Add** kann der Anwender weitere Einzelpositionen erfassen. Durch Aktivieren der Option **Master** kehrt man zum oberen Eingabebereich zurück und kann damit beginnen, die Auftragsdaten eines anderen Kunden zu erfassen.

8.2.3 Datenbestand

Der Datenbestand der Tabelle grunddaten:

    auftragsnummer   (wird automatisch vergeben)
    kundennummer   500
    datum   18.02.1989
    bemerkung   keine

Der Datenbestand der Tabelle positionen:

1. Einzelposition : auftragsnummer   (wird automatisch vergeben)
         artikelnummer   1
         menge   2

2. Einzelposition : auftragsnummer   (wird automatisch vergeben)
         artikelnummer   114
         menge   4

3. Einzelposition : auftragsnummer   (wird automatisch vergeben)
         artikelnummer   26
         menge   1

4. Einzelposition : auftragsnummer   (wird automatisch vergeben)
         artikelnummer   112
         menge   3

8.2.4 Ausgabemaske

Die sechs Abschnitte unserer individuellen Ausgabemaske r_auf.ace :
(siehe auch Kapitel 7.2 - Ändern der Standardausgabemaske)

```
database lager end
define
    VARIABLE start         integer
    VARIABLE position      smallint
    VARIABLE einzelsumme   money
    VARIABLE gesamtsumme   money
    VARIABLE mwst_satz     integer
end
input
    PROMPT FOR start USING "Rechnung für Auftragsnummer : "
end
output
    REPORT TO PRINTER
    LEFT MARGIN 0
    RIGHT MARGIN 80
    PAGE LENGTH 66
end
select
    grunddaten.auftragsnummer,grunddaten.kundennummer,grunddaten.datum,
    grunddaten.bemerkung,positionen.auftragsnummer,positionen.artikelnummer,
    positionen.menge,kunden.kundennummer,kunden.name,kunden.vorname,
    kunden.strasse,kunden.postleitzahl,kunden.ort,kunden.nationalitaet,
    artikel.artikelnummer,artikel.bezeichnung,artikel.listenpreis,
    artikel.mengeneinheit
from
    grunddaten,positionen,kunden,artikel
    WHERE grunddaten.auftragsnummer = positionen.auftragsnummer and
          grunddaten.kundennummer = kunden.kundennummer and
          positionen.artikelnummer = artikel.artikelnummer and
          grunddaten.auftragsnummer = $start
end
format
    PAGE HEADER
    BEGIN
        LET mwst_satz = 14
```

Tabellen-Verknüpfungen

```
    PRINT "Firma Knebel/Postels GmbH", COLUMN 52, "Wilhelmshaven, den ",
          today USING "dd.mm.yyyy"
    SKIP 3 LINES
    PRINT COLUMN 38,"R E C H N U N G  /  L I E F E R S C H E I N"
    PRINT COLUMN 38,"========================================="
    SKIP 1 LINE
    PRINT COLUMN 5,name CLIPPED,",",vorname
    SKIP 1 LINE
    PRINT COLUMN 5,strasse
    SKIP 2 LINES
    PRINT COLUMN 5,nationalitaet CLIPPED,"-",postleitzahl CLIPPED,
          1 SPACE,ort
    SKIP 4 LINES
    PRINT "Auftragsnummer",COLUMN 20,"Kundennummer",
          COLUMN 61,"Ihre Bestellung vom"
    PRINT COLUMN 3,auftragsnummer USING "#########",
          COLUMN 22,kundennummer USING "#########",
          COLUMN 66,datum USING "dd.mm.yyyy"
    SKIP 3 LINES
    PRINT "Pos.  Artikelnummer   Bezeichnung",COLUMN 48,"Preis",
          COLUMN 60,"Menge",COLUMN 72,"Gesamt"
    PRINT "-----------------------------------------",
          "-------------------------------------"
    SKIP 2 LINES
END
ON EVERY ROW
BEGIN
    LET position = position+1
    LET einzelsumme = listenpreis*menge
    PRINT position USING "###",
          COLUMN 9,artikelnummer USING "#########",
          COLUMN 22,bezeichnung,COLUMN 45,listenpreis,
          COLUMN 59,menge USING "######",1 SPACE,mengeneinheit,
          COLUMN 70,einzelsumme USING "########.##"
    LET gesamtsumme = gesamtsumme+einzelsumme
END
ON LAST ROW
BEGIN
    SKIP 1 LINE
    PRINT COLUMN 70,"-----------"
    PRINT COLUMN 70,gesamtsumme USING "########.##"
```

```
              PRINT COLUMN 45,"+ ",mwst_satz USING "##"," % Umsatzsteuer",
                    COLUMN 70,mwst_satz*gesamtsumme/100 USING "########.##"
              PRINT COLUMN 70,(100+mwst_satz)/100*gesamtsumme USING "########.##"
              PRINT COLUMN 70,"==========="
         END
   end
```

Im Rahmen der Reportdatei **r_auf.ace** wird eine Rechnung bzw. ein Lieferschein erzeugt. Bevor es zu der Druckausgabe kommt, fragt das System nach der Nummer des zu bearbeitenden Auftrags:

```
   input
       PROMPT FOR start USING "Rechnung für Auftragsnummer : "
   end
```

Diesbezüglich ist am Bildschirm die entsprechende Auftragsnummer einzugeben. Nach der Eingabe erstellt das System die Rechnung (bzw. den Lieferschein) und greift dabei auf die vier Tabellen

kunden,
artikel,
grunddaten und
positionen

zurück.

Im Kontrollblock **PAGE HEADER** (Abschnitt **format**) wird der Rechnungskopf, die Adresse des Kunden und die sonstigen Überschriften für die Rechnung ausgegeben. Über die **kundennummer** der Tabelle **grunddaten** greift das System auf die Kundenstammdatei zu (die Zuordnung geschieht im **select**-Abschnitt) und liest so die Adresse (**name, vorname, strasse, nationalitaet, postleitzahl** und **ort**) des betreffenden Kunden ein.

Der Kontrollblock **ON EVERY ROW** realisiert die Ausgabe der einzelnen Positionen der Rechnung. Die Artikelnummer der Tabelle **positionen** realisiert den Zugriff auf die Artikelstammdatei, aus der die entsprechenden Daten (**bezeichnung, mengeneinheit** und **listenpreis**) gelesen werden. Die Zuordnung geschieht ebenfalls im **select**-Abschnitt. Die **einzelsumme** wird aus der Multiplikation vom **listenpreis** der Artikelstammdatei **artikel** und der **menge** der Tabelle **positionen** berechnet.

Der Kontrollblock **ON LAST ROW** realisiert die Ausgabe der **gesamtsumme**, der Mehrwertsteuer und der Endsumme.

Tabellen-Verknüpfungen

8.2.5 Ergebnis der Ausgabe

Rechnung/Lieferschein:

```
Knebel/Postels GmbH                    Wilhelmshaven, den 09.06.1989



                         R E C H N U N G  /  L I E F E R S C H E I N
                         ==============================================


    Fuchs, Irene


    An der Bahn 5



    D-1000 Berlin





Auftragsnummer    Kundennummer                  Ihre Bestellung vom
      1               500                            18.02.1989




Pos.  Artikelnummer  Bezeichnung         Preis         Menge         Gesamt
------------------------------------------------------------------------------


 1          1        Hammer              12.95         2 st           25.90
 2        114        Schraube M3          8.30         4 st           33.20
 3         26        Kreissäge          139.98         1 st          139.98
 4        112        Steckdosen          52.78         3 st          158.34

                                                                  ----------
                                                                     357.42
                                   + 14 % Umsatzsteuer                50.03
                                                                  ----------
                                                                     407.45
                                                                  ==========
```

9 Das Anwendermenü

In den vorangegangenen Kapiteln haben wir verschiedene Anwendungen mit Hilfe von INFORMIX-SQL kennengelernt, wie z.B. das Verwalten von Daten und das Ausdrucken von Listen. Die Voraussetzung hierbei war, zu wissen, welche Tabelle die entsprechenden Daten enthält bzw. aufnehmen soll. Für den Anwender besteht nun die Möglichkeit, sich eine individuelle

M e n ü o b e r f l ä c h e

zu schaffen, die es ihm z.B. gestattet, ohne Kenntnis entsprechender Tabellennamen seine Datenverwaltung zu betreiben. Im Rahmen dieser Menüoberfläche - dem sog. Anwendermenü - vereinbart man Menüoptionen, über die man bestimmte Tätigkeiten, wie z.B. das Erfassen von Daten oder das Drucken von Listen, einleitet. Für jede Datenbank läßt sich **ein** Anwendermenü anlegen, in das man Untermenüs, Masken, Reports, INFORMIX-SQL-Programme und Dienstprogramme des Betriebssystems einbinden kann. Jedes Anwendermenü kann bis zu 19 Menüebenen aufnehmen und jedes einzelne Menü bis zu 28 Menüoptionen.

Im weiteren Verlauf werden wir uns ein individuelles Anwendermenü entwickeln, das die nachfolgend angeführten Optionen aufweist und sich über zwei Menüebenen erstreckt:

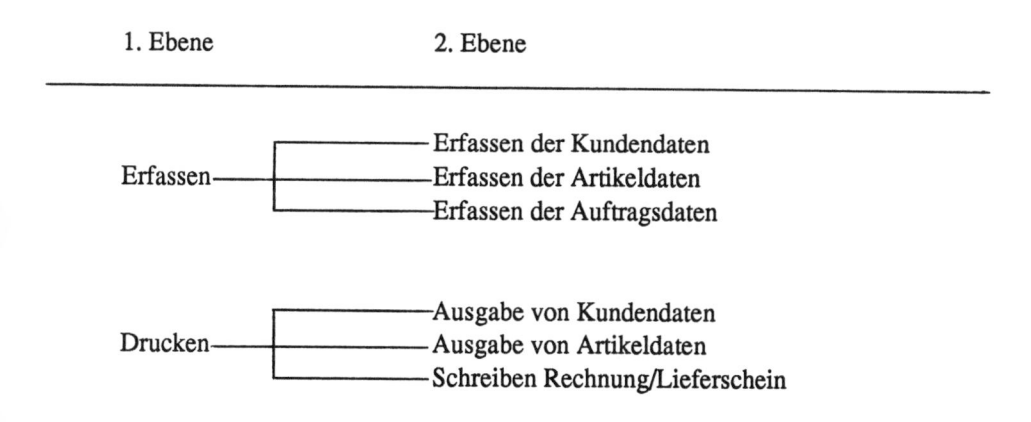

1. Ebene	2. Ebene
Erfassen	Erfassen der Kundendaten Erfassen der Artikeldaten Erfassen der Auftragsdaten
Drucken	Ausgabe von Kundendaten Ausgabe von Artikeldaten Schreiben Rechnung/Lieferschein

9.1 Aufbau eines Anwendermenüs

Um eine individuelle Menüoberfläche anzulegen oder zu modifizieren, muß man aus dem INFORMIX-SQL-Hauptmenü die Option

    User-menu

aktivieren. Unmittelbar darauf wird die folgende Maske

```
USER-MENU:   Run  Modify  Exit
Modify the user-menu for the current database.
------------------------ LAGER ------------------ Press CTRL-W for Help -------
```

auf dem Bildschirm eingeblendet, sofern man zuvor die entsprechende Datenbank vereinbart hat. Mittels der Option **Modify** des vorstehenden Menüs weist man das System an, das Menü **Perform** auszugeben, einschließlich der Maske **menuform**:

```
PERFORM:  Query  Next  Previous  Add  Update  Remove  Table  Screen ...
Searches the active database table.            ** 1: sysmenus table**
==============================MENU ENTRY FORM==================================
Menu Name:  [                    ]

Menu Title: [                                                                ]
-------------------------------SELECTION SECTION-------------------------------
Selection Number:                    Selection Type:

Selection
Text:

Selection
Action:
```

Im Rahmen der vorstehenden Maske läßt sich nun das gewünschte Anwendermenü konzipieren und anschließend von dem System generieren. Die Optionen haben die gleiche Bedeutung wie beim Untermenü **Form**. Die Maske selbst enthält 6 Eingabefelder und setzt sich aus zwei Teilen zusammen.

Die Teileingabemaske MENU ENTRY FORM

Im oberen Teil erfolgt die Eingabe der Grundinformationen zu den einzelnen Menüs (=Menüname und Menübeschreibung). Menünamen und Menübeschreibungen speichert das System in der Tabelle **sysmenus**, die auch als Master-Tabelle bezeichnet wird.

Die einzelnen Felder dieser Maske haben folgende Bedeutung:

Menu Name

ist ein Eingabefeld, in dem man den Namen des Menüs vereinbart. Zu beachten ist an dieser Stelle lediglich, daß das Hauptmenü (=erste Ebene) immer den Namen **main** erhalten muß und man für die Namensvergabe max. 18 Zeichen verwenden kann.

Menu Title

ist ein Eingabefeld, in dem man die Überschrift der jeweiligen Menüs vereinbart. Hierfür sind max. 60 Zeichen zulässig.

Die Teileingabemaske SELCTION SECTION

Der untere Teil dient zur Vereinbarung der Optionen der jeweiligen Menüs. Sämtliche Eingaben zu den Optionen speichert das System in der Tabelle **sysmenuitems**.

Die einzelnen Felder dieser Maske haben folgende Bedeutung:

Selection Number

ist ein Eingabefeld, in dem man eine Ziffer vereinbart, die später im Menü links neben dem Auswahltext steht. Sie realisiert, daß die Auswahl einer Option nicht nur durch das Bewegen des Cursors erfolgen kann, sondern auch durch die unmittelbare Eingabe der entsprechenden Ziffer.

Selection Type

ist ein Eingabefeld, über das man den sog. Aktionstyp einer Option vereinbart. Durch die Eingabe eines der nachfolgend angelisteten Buchstaben kann der Anwender den Aktionstyp definieren:

F   startet eine kompilierte Maske, wie z.B. **f_kunden**.

R   startet eine kompilierte Liste, wie z.B. **r_kunden**.

M   ruft ein weiteres Menü auf.

Q   führt ein RDSQL-Kommando aus.

P   führt ein Programm oder ein Betriebssystem-Kommando, wie z.B. das MS-DOS-Kommando COPY, aus.

S   startet ein Skript-Menü und führt mehrere vom Anwender definierte Aktionen nacheinander aus, ohne daß ein Menü auf dem Bildschirm erscheint.

Während der Eingabe listet das System die vorstehenden Möglichkeiten am Bildschirm an, und zwar in folgender Form:

```
Choices: (M)enu (P)rogram (Q)uery-language (R)eport (F)orm (S)cript
```

Die Groß- und Kleinschrift kann man bei der Eingabe vernachlässigen; denn das System übernimmt nur große Buchstaben und wandelt kleine automatisch in große um.

Selection Text

ist ein Eingabefeld, in dem man die Option beschreiben kann. Der eingegebene Text erscheint innerhalb des Menüs, und zwar rechts neben der **Selection Number**. Anhand dieses Textes kann der Anwender seine gewünschte Option aktivieren.

Selection Action

ist ein Eingabefeld, in dem festgelegt wird, welche Aktion letztendlich auszuführen ist. Hierbei ist lediglich der entsprechende Tabellenname (ohne Dateityp) einzugeben (z.B. **f_kunden, r_kunden** oder der Namen der MS-DOS-Systemdatei COPY). Um welchen

Aktionstyp es sich handelt, wurde ja bereits in dem Feld **Selection Type** bestimmt.

Ist mit einer Option ein weiteres Untermenü (entspricht dem Aktionstyp **M**) aufzurufen, hat man diesbezüglich lediglich den entsprechenden Menünamen einzugeben. Vereinbart der Anwender zu den Aktionstypen **F**, **R** und **Q** keinen Tabellennamen, so ruft das System, nach dem Aktivieren einer solchen Option, automatisch die dazugehörige Option des Hauptmenüs auf, nämlich **Form**, **Report** oder **RDSQL**.

9.2 Erstellen eines Anwendermenüs

Wir kommen nun zur Erstellung unseres individuellen Anwendermenüs. Zu diesem Zweck rufen wir vom Hauptmenü aus zunächst die Option **User-menu** und dann die Option **Modify** auf. In die daraufhin erscheinende Eingabemaske geben wir Daten mit Hilfe der Option **Add** ein.

Zunächst werden die folgenden Daten des oberen Teils (MENU ENTRY FORM) erfaßt. Jedesmal, wenn die beiden Eingabefelder gefüllt sind, muß die ESC-Taste betätigt werden, um dem System so mitzuteilen, daß es die vorgenommenen Eingaben abspeichern soll. Die Option **Add** ermöglicht die Rückkehr in den Eingabemodus.

Menu-Name (max. 18 Zeichen)	Menu-Titel (max. 60 Zeichen)
main	Hauptmenü
erfassen	Erfassen der Datenbestände
drucken	Ausgabe Listen/Rechnung/Liefersch.

Nachdem wir die Anzahl der Menüs, deren Namen und eine jeweilige Kurzbeschreibung vereinbart haben, muß abschließend zu jedem Menü die Festlegung der entsprechenden Optionen erfolgen. Dieses ist im unteren Teil der Maske **menuform** durchführbar, indem man die Option **Table** einsetzt, die auf Grund eines Schaltercharakters einen Wechsel von einem Maskenbereich in den anderen ermöglicht. Eine Alternative bietet sich dem Anwender durch den Einsatz der Optionen

    Detail (aktiviert den unteren Bereich der Maske)

und

Master (aktiviert den oberen Bereich der Maske)

Ist der untere Maskenbereich aktiviert, sind die nachstehend angelisteten Daten der Reihe nach einzugeben. Dabei ist im oberen Bereich zunächst das entsprechende Menü zu aktivieren, um in einem zweiten Arbeitsgang im unteren Bereich die Optionen des Menüs zu vereinbaren. Die Eingabe erfolgt ebenfalls über die Option **Add**. Das Aktivieren der einzelnen Menüs geschieht entweder mit den Optionen **Next** und **Previous**, mit denen man den Menübestand durchblättern kann, oder durch die unmittelbare Eingabe des Menünamens.

Optionsdaten des Hauptmenüs **main**:

Selection Number	Selection Type	Selection Text	Selection Action
1	M	Erfassen	erfassen
2	M	Drucken	drucken

Optionsdaten des Untermenüs **erfassen**:

Selection Number	Selection Type	Selection Text	Selection Action
1	F	Erfassen der Kundendaten	f_kunden
2	F	Erfassen der Artikeldaten	f_art
3	F	Erfassen der Auftragsdaten	f_auf

Optionsdaten des Untermenüs **drucken**:

Selection Number	Selection Type	Selection Text	Selection Action
1	R	Ausgabe von Kundendaten	r_kunden
2	R	Ausgabe von Artikeldaten	r_art
3	R	Ausgabe Rechnung/Lieferschein	r_auf

Nachdem wir die vorstehend aufgeführten Optionsdaten erfaßt haben, verfügen wir über drei Menüs.

Auf die Bildschirm-Gestaltung der jeweiligen Menübilder hat der Anwender - abgesehen von den Textangaben - keinen Einfluß. Das System positioniert sämtliche Optionen am linken Rand, der Reihe nach von oben nach unten.

Selbstverständlich können die getätigten Angaben jederzeit korrigiert werden. Hierfür stehen dem Anwender die Menü-Optionen

      Query   und   **Update**

zur Verfügung. Dabei ermöglicht **Query** das unmittelbare Abrufen einer bestimmten Menübeschreibung bzw. einer bestimmten Optionenzeile und **Update** ermöglicht das Korrigieren einzelner Feldinhalte.

9.3 Starten der Menüoberfläche

Unter INFORMIX-SQL erfolgt der Start aus dem **User-menu**

```
USER-MENU:  Run  Modify  Exit
Run the user-menu for the current database.
------------------------ LAGER ------------------ Press CTRL-W for Help --------
```

heraus, indem man dessen Option **Run** aktiviert. Wir wollen in diesem Zusammenhang unsere erarbeitete Oberfläche starten und erhalten auf dem Bildschirm zunächst das Hauptmenü angezeigt, das es erlaubt, zwei weitere Untermenüs zu aktivieren. Im einzelnen haben die Menübilder folgendes Aussehen:

Das Hauptmenü "main":

```
                    Hauptmenü
  1. Erfassen
  2. Drucken
```

Das Untermenü "erfassen":

```
              Erfassen der Datenbestände
  1. Erfassen der Kundendaten
  2. Erfassen der Artikeldaten
  3. Erfassen der Auftragsdatei
```

Das Untermenü "drucken":

```
            Ausgabe Listen/Rechnung/Liefersch.
  1. Ausgabe von Kundendaten
  2. Ausgabe von Artikeldaten
  3. Ausgabe Rechnung/Lieferschein
```

Das Anwendermenü

In jedem Menübild wird der Anwender mit der Meldung

```
Use space bar, arrow keys, or type number to make selection.
Enter 'e' to return to previous menu or exit.
Enter carriage return to execute selection:  1
```

darauf hingewiesen, wie er die Auswahl einer Option vorzunehmen hat. Hierfür kann er die Leertaste (=space bar) oder die Cursortasten (=arrow keys) verwenden, oder die Auswahl durch das unmittelbare Betätigen der entsprechenden Zifferntaste treffen. Die Auswahl ist mit der RETURN-Taste zu quittieren!

Mit dem Drücken der Taste e gelangt man auf die vorherige Menüebene zurück oder zum INFORMIX-SQL-Hauptmenü, sofern man sich auf der obersten Menüebene (=Anwender-Hauptmenü) befindet.

10 Datenbanken befragen mit RDSQL

10.1 Was bietet RDSQL ?

Zunächst ist zu erwähnen, daß **RDSQL** als Kürzel für

Relational **D**atabase **S**tructured **Q**uery **L**anguage

steht, und es sich hierbei um eine Datenbankabfragesprache handelt. RDSQL deckt zwei Funktionsbereiche ab - den interpretierenden und den eingebetteten (embedded). In diesem Kapitel haben wir den interpretierenden Funktionsbereich zugrundegelegt, d.h. die Anweisungen werden unmittelbar nach ihrer Erteilung verarbeitet. Das eingebettete RDSQL liegt dann vor, wenn seine Anweisungen in ein gesondertes Programm, das in einer Programmiersprache, wie beispielsweise COBOL oder C geschrieben ist, integriert (=eingebettet) sind.

Wir haben gelernt, daß INFORMIX-SQL über ein integriertes Menüsystem verfügt und daß jedes Menü dem Anwender mehrere Optionen zur Verfügung stellt. Das Menüsystem und die Abfragesprache sind eng miteinander verknüpft. Die Verbindung besteht darin, daß das System jede aktivierte Menü-Option in eine RDSQL-Anweisung umsetzt und diese anschließend ausführt. Grundsätzlich läßt sich also sagen, daß INFORMIX-SQL als Basis den SQL-Modus realisiert und man auf diesen eine bedienerfreundliche Betriebsform, nämlich die des Menüsystems, gesetzt hat.
Mit RDSQL ist es möglich,

- Tabellen aufzubauen,
- Indizes anzulegen,
- in einer Datenbank zu recherchieren,
- Daten hinzuzufügen bzw. zu löschen,
- Recherchen aus mehreren Tabellen zusammenzustellen,
- den Aufbau einer Tabelle zu korrigieren und
- Zugriffsberechtigungen zu vergeben bzw. zu entziehen.

Die Tätigkeiten erfolgen mit RDSQL-Anweisungen, die im Rahmen des **RDSQL**-Menüs

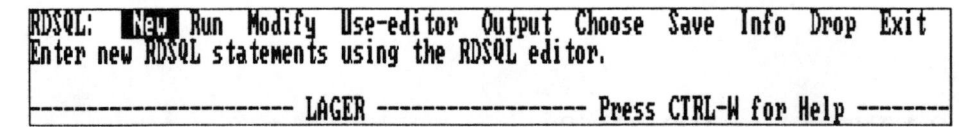

```
RDSQL:  New  Run Modify Use-editor Output Choose Save Info Drop Exit
Enter new RDSQL statements using the RDSQL editor.
--------------------- LAGER ------------------ Press CTRL-W for Help --------
```

zu erteilen sind. Der Aufruf des vorstehenden Menübildes erfolgt im INFORMIX-SQL-Hauptmenü, indem die Funktion **Query-Language** aufgerufen wird. Zuvor fragt das System nach der zu aktivierenden Datenbank, sofern man diese noch nicht aktiviert hat. Danach erscheint auf dem Bildschirm das **RDSQL**-Menü, dem folgende Funktionen zu entnehmen sind:

New

ruft den RDSQL-Editor auf, mit dem der Anwender neue Anweisungen schreiben kann. Zuvor erfaßte Anweisungen gehen unwiderruflich verloren, wenn man sie nicht mit **Save** gesichert hat.

Run

weist das System an, die aktuellen Anweisungen auszuführen.

Modify

räumt dem Bediener ein, bestehende RDSQL-Anweisungen zu korrigieren. Hierbei wird der RDSQL-Editor aufgerufen.

Use-editor

ruft den System-Editor auf, der eine Alternative zum RDSQL-Editor ist.

Output

druckt die Resultate aus, die von RDSQL-Anweisungen erzeugt werden. Neben einer Druckausgabe kann man die entsprechenden Daten auch in eine separate Datei übertragen. Unter UNIX besteht die Möglichkeit zum "Piping", dem Umleiten von Daten. Hierdurch lassen sich mehrere Anweisungsfolgen miteinander zu verknüpfen.

Choose

aktiviert eine mit der Funktion **Save** angelegte Kommandodatei. In diesem Zusammenhang stellt das System dem Anwender eine Übersicht sämtlicher Kommandodateien zur Verfügung, die zu der aktuellen Datenbank gehören.

Save

sichert die aktuellen Anweisungen. Vor jeder Speicherung fragt das System nach dem Namen der Datei, die die Anweisungen aufnehmen soll und ergänzt diese automatisch mit der Kennung **sql**. Einen solchen Dateityp nennt man Kommandodatei.

Info

erteilt Informationen über die aktuelle Datenbank.

Drop

löscht eine Kommandodatei.

Exit

aktiviert das INFORMIX-SQL-Hauptmenü.

Abschließend ist noch das RDSQL-SYNTAX-Menü zu erwähnen, daß dann auf dem Bildschirm angelistet wird, wenn der Bediener im Rahmen der RDSQL-Funktionen **New**, **Modify** und **Use-editor** die Hilfestellungen aufruft (=CTRL-W). Es beinhaltet Hinweise zu der verwendeten Syntax und dem Einsatz der RDSQL-Anweisungen.

10.2 Eingabe und Verwaltung von RDSQL-Anweisungen

Im Anschluß an dieses Kapitel erfolgt eine umfassende Auflistung und eingehende Beschreibung sämtlicher RDSQL-Anweisungen. Doch wollen wir zunächst die Möglichkeiten des **RDSQL-Menüs** darlegen. Es ist bereits bekannt, daß mit der Funktion **Query-Language** des Hauptmenüs der Einstieg in die Anwendungen des RDSQL-Menüs

```
RDSQL: New  Run  Modify  Use-editor  Output  Choose  Save  Info  Drop  Exit
Enter new RDSQL statements using the RDSQL editor.
------------------------ LAGER ------------------ Press CTRL-W for Help --------
```

erfolgt. Ebenfalls ist bekannt, daß im Zusammenhang mit der Erstellung einer Anweisung bzw. einer Reihe von Anweisungen aus dem vorstehenden Menü die Funktion **New** zu wählen ist. Das System blendet unmittelbar nach ihrer Aktivierung das Menübild des RDSQL-Editors

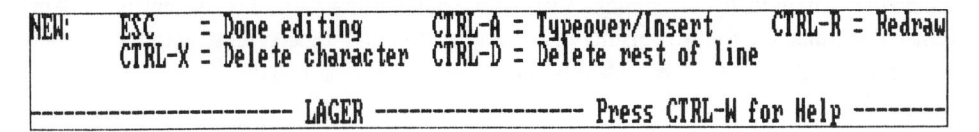

```
NEW: ESC    = Done editing      CTRL-A = Typeover/Insert    CTRL-R = Redraw
     CTRL-X = Delete character  CTRL-D = Delete rest of line

------------------------- LAGER ------------------ Press CTRL-W for Help --------
```

ein und fordert weiterhin dazu auf, mit der Eingabe zu beginnen. Als Alternative stehen dem Anwender auch die System-Editoren zur Verfügung. Diese sind aktivierbar, indem aus dem RDSQL-Menü die bereits angeführte Funktion **Use-editor** gewählt wird. Die in diesem Fall bei der Texteditierung einzuhaltenden Richtlinien sind den Betriebssystem-Handbüchern zu entnehmen. Gängige Editoren unter MS-DOS sind z.B. **EDIT** und **EDLIN** und unter UNIX **vi** und **ed**. Ferner kann man über diese Funktion Textverarbeitungs-Programme, wie z.B. WordStar, aufrufen und somit eine Schnittstelle zu komfortablen Textverarbeitern nutzen.

Dem Menübild des RDSQL-Editors sind Hinweise zum Schreiben und Korrigieren von RDSQL-Anweisungen zu entnehmen. Neben dem Hinweis, mit der ESC-Taste zum RDSQL-Menü zurückspringen zu können, verfügt der Editor über Korrekturtasten, die jeweils folgenden Zweck erfüllen:

CTRL-A   schaltet den Überschreibemodus ein bzw. aus. Bei ausgeschaltetem Überschreibemodus fügt das System den neuen Text an der aktuellen Cursorposition ein und verschiebt den bestehenden nach rechts. Auf MS-DOS-Systemen kann man statt der nebenstehenden Tastenkombination die Taste **EINFG (INSERT)** verwenden.

CTRL-R   stellt das ursprüngliche Bildschirmbild wieder her. Eine unverhoffte Veränderung des Bildschirmbildes kann dann entstehen, wenn man im Mehrplatzbetrieb von einem anderen Systemnutzer eine Nachricht erhält, die das System auf dem Bildschirm einblendet.

CTRL-X   entspricht auf MS-DOS-Systemen der Taste LÖSCH (DELETE) und bewirkt, daß das Zeichen an der aktuellen Cursorposition gelöscht wird.

CTRL-D   führt zu einem Löschen sämtlicher Zeichen, die zwischen der Cursorposition und dem Zeilenende stehen.

Der RDSQL-Editor beinhaltet die Fähigkeit zum vertikalen Rollen, aber nicht zum horizontalen. D.h. er verschiebt den Textbereich nach oben, sofern das "Eingabefenster" ausgefüllt ist und weitere Zeilen eingegeben werden. Bei der horizontalen Dateneingabe besteht dieser Effekt nicht. Deshalb kann der Anwender "nur" max. 80 Zeichen pro Zeile eingeben, wobei jede Zeile mit der RETURN-Taste abzuschließen ist.

10.3 RDSQL-Anweisungen

Mit seiner Schnittstelle zur Datenbankabfragesprache RDSQL stellt INFORMIX-SQL dem Anwender fünf Anweisungs-Typen bereit, mit denen er unterschiedliche Tätigkeiten durchführen kann.

RDSQL-Anweisungen zum Anlegen von Datenbanken, Tabellen etc.

dienen der Interpretation der einzelnen Daten und ermöglichen das Anlegen oder Löschen von Datenbanken, Tabellen, Spalten und Indizes. Hierhinein gehören auch die Tätigkeiten zur Korrektur und Umbenennung.

RDSQL-Anweisungen zur Manipulation von Daten

dienen der Korrektur vorliegender Datenbestände und ermöglichen es, Datensätze einer Tabelle zu löschen bzw. zu ändern oder in eine Tabelle zu übertragen. Ferner gehören hierzu die Anweisungen zum Aufrufen gespeicherter Daten.

RDSQL-Anweisungen für den Zugriff auf Daten

dienen der Vergabe sog. Zugriffsberechtigungen, so daß neben dem Besitzer einer Tabelle auch andere Anwender auf die Tabelle zugreifen können. Die Vergabe kann nur der Besitzer oder der Datenbankverwalter vornehmen.

RDSQL-Anweisungen für die Integrität der Daten

dienen dem Arbeiten mit einer **Tabellenmodifikations-Protokoll-Datei** und einer **Transaktions-Protokoll-Datei**. In die zuerst angeführte Datei werden Aufzeichnungen über das Löschen, Korrigieren und Hinzufügen von Daten innerhalb einer Tabelle vorgenommen. Die Zweite erfaßt sämtliche Veränderungen, die sich auf die gesamte Datenbank beziehen. Neben den beiden Protokollen sollte man zusätzlich eine Sicherungskopie der jeweiligen

Tabelle bzw. Datenbank anlegen. Beides, sowohl Sicherungskopie als auch die beiden Protokolle, stellt dann sicher, jederzeit den Zustand einer Datenbank bzw. einer Tabelle nachvollziehen zu können. Auftretende Schäden bei einem Systemausfall werden hierdurch auf ein Minimum begrenzt.

RDSQL-Hilfsanweisungen

sind besondere Anweisungen, mit denen man (u.a.) Indizes einer Tabelle prüfen oder wiederherstellen kann. Darüber hinaus ermöglichen sie einen Datentransfer in folgenden Formen:

- Datenbanktabelle   -->   ASCII-Format
- ASCII-Format   -->   Datenbanktabelle

10.3.1 RDSQL-Anweisungen zum Anlegen von Datenbanken, Tabellen etc.

In diesem Abschnitt finden Sie folgende **SQL-Anweisungen**:

ALTER TABLE	Verändern einer Tabelle
CLOSE DATABASE	Schließen einer Datenbank
CREATE DATABASE	Anlegen einer Datenbank
CREATE INDEX	Anlegen eines Index
CREATE SYNONYM	Vergabe eines Alternativnamen
CREATE TABLE	Anlegen einer Tabelle
CREATE VIEW	Anlegen eines Views
DATABASE	Aktivieren einer Datenbank
DROP DATABASE	Löschen einer Datenbank
DROP INDEX	Löschen eines Index
DROP SYNONYM	Löschen eines Alternativnamen
DROP TABLE	Löschen einer Tabelle
DROP VIEW	Löschen eines Views
RENAME COLUMN	Umbenennen einer Tabellenspalte
RENAME TABLE	Umbenennen einer Tabelle
UPDATE STATISTICS	Auswertung einer Tabelle

Datenbanken befragen mit RDSQL 117

ALTER TABLE

Mit der ALTER TABLE-Anweisung kann der Anwender eine Tabelle modifizieren. Hierfür stellt das System Befehle zum Einfügen und Löschen von Spalten bereit. Weiterhin kann man den Datentyp einer Spalte korrigieren. Um an einer Tabelle Korrekturen, Löschungen oder Erweiterungen vornehmen zu können, muß der Anwender entweder Inhaber der angesprochenen Tabelle sein oder die DBA-Berechtigung (s. Abschnitt 10.3.3) besitzen.

ALTER TABLE <Tabellenname>
   {ADD (<neuer Spaltenname neuer Spaltentyp>
    [BEFORE alter Spaltenname],......)
   | DROP (<alter Spaltenname,......>)
   | MODIFY (<alter Spaltenname> <neuer Spaltentyp>,...)},...

Tabellenname	ist der Name der zu ändernden Tabelle.
ADD	fügt eine weitere Spalte ein.
neuer Spaltenname	ist der Name der einzufügenden Spalte.
neuer Spaltentyp	repräsentiert entweder den Namen des Datentyps einer neuen oder den Namen des neuen Datentyps einer bereits vorliegenden Spalte.
BEFORE	bestimmt die Position der neuen Spalte.
alter Spaltenname	repräsentiert den Namen einer bereits bestehenden Spalte.
DROP	löscht die vereinbarte Spalte.
MODIFY	ändert den Datentyp einer bestehenden Spalte.

Die angeführten Klauseln ADD, DROP und MODIFY lassen sich im Rahmen einer ALTER-Anweisung mehrfach verwenden. Dabei ist allerdings zu beachten, daß zwischen den einzelnen Klauseln ein Komma steht. Zu beachten ist auch, daß einer mit Daten aufgefüllten Tabelle keine SERIAL-Spalte zugewiesen werden kann.

ANWENDUNG:

   ALTER TABLE artikel
     ADD (lagergang Char(4) BEFORE lagerort)

fügt der Tabelle **artikel** eine weitere Spalte hinzu, die den Spaltennamen **lagergang** und den Datentyp **Char(4)** erhält. Der Zusatz **BEFORE lagerort** bewirkt, daß die neue Spalte zwischen den bestehenden Spalten **lagerzone** und **lagerort** eingeordnet wird.

CLOSE DATABASE

Mit CLOSE DATABASE schließt man die aktuelle Datenbank. Hat der Anwender eine CLOSE DATABASE-Anweisung ausgeführt, stehen ihm anschließend lediglich die RDSQL-Anweisungen

    CREATE DATABASE; DATABASE und DROP DATABASE

zur Verfügung.

ANWENDUNG:

Will der Bediener die aktuelle Datenbank schließen, so braucht er lediglich die RDSQL-Anweisung

    CLOSE DATABASE

zu erteilen.

CREATE DATABASE

CREATE DATABASE erstellt eine neue Datenbank, indem neben dem Katalog auch die entsprechenden Systemdateien (siehe auch Anhang D) geschaffen werden. Nach ihrer Erstellung ist sie automatisch die aktuelle Datenbank.

CREATE DATABASE <Datenbankname> [WITH LOG IN "Tabellenname"]

Datenbankname	repräsentiert den Namen, den die anzulegende Datenbank erhalten soll.
WITH LOG IN "Tabellenname"	erstellt eine Transaktions-Protokoll-Datei mit dem angegebenen Namen.

Anwender, die unter dem Betriebssystem UNIX arbeiten, müssen stets den Pfad zum Datenbanknamen mit angeben und können die vorstehende Anweisung nur dann anwenden, wenn ihnen zuvor eine Arbeitserlaubnis (=Berechtigung) mit der GRANT-Anweisung (s. Abschnitt 10.3.3) erteilt wurde.

ANWENDUNG :

Die nachstehenden Anweisungen legen eine Datenbank namens **lager** an, einschließlich einer Transaktions-Protokoll-Datei:

unter UNIX:	**CREATE DATABASE lager**
	WITH LOG IN "/INFORMIX/LAGER.LOG"
unter MS-DOS:	**CREATE DATABASE lager**
	WITH LOG IN "\INFORMIX\LAGER.LOG"

CREATE INDEX

Mit CREATE INDEX legt man einen Index an. Dabei kann man den Index auch als mehr-
stufigen Schlüssel, der sich aus mehreren Sortiermerkmalen zusammensetzt, definieren.
Unter Beachtung einer max. Gesamtlänge von 120 Bytes lassen bis zu 8 Spalten pro Index
übernehmen.

CREATE [UNIQUE|DISTINCT] INDEX <Indexname>
    ON <Tabellenname> (<Spaltenname> [ASC|DESC],.....)

UNIQUE	stellt sicher, daß in der entsprechenden Spalte keine Doppeleinga-ben erfolgen.
DISTINCT	entspricht dem Schlüsselwort UNIQUE.
Indexname	ist der Name des Indexes. Ein Indexname muß eindeutig sein.
Tabellenname	steht für den Namen der Tabelle, in der bestimmte Spalten einen Indexeintrag erhalten sollen.
Spaltenname	steht für den Namen der Tabellenspalte, die einen Indexeintrag er-halten soll. Ist ein mehrstufiger Index anzulegen, sind die entspre-chenden Spaltennamen der Reihe nach -getrennt durch ein Komma-anzuführen. Der zuerst angeführte Name ist dabei das erste Sortier-merkmal, der zweite Name das zweite Sortiermerkmal usw.
ASC	bewirkt einen Index, dessen Werte, dem ASCII-Code entsprechend, in <u>aufsteigender</u> Form (=ASCENDING) sortiert sind, d. h. zunächst nach Leerzeichen, dann nach Ziffern, anschließend nach Großbuch-staben und zuletzt nach Kleinbuchstaben.
DESC	bewirkt einen Index, dessen Werte, dem ASCII-Code entsprechend, in <u>absteigender</u> Form (=DESCENDING) sortiert sind.

ANWENDUNG:

    CREATE INDEX idx07
         ON kunden (name,vorname)

erstellt einen Index namens **idx07**. Dabei wird dieser als zweistufiger Schlüssel definiert. Weist die Spalte **name** gleiche Namen auf, so sortiert das System nach den Vornamen der Spalte **vorname**.

CREATE SYNONYM

Mit der CREATE SYNONYM-Anweisung läßt sich für eine bestehende Tabelle ein Alternativname bestimmen. Im Mehrplatzbetrieb (unter UNIX) ist der alternative Name nur für den Anwender ansprechbar, der ihn angelegt hat.

CREATE SYNONYM <synonym> FOR <Tabellenname>

synonym	steht für den Alternativnamen.
Tabellenname	steht für den Namen der Tabelle, die den Alternativnamen erhalten soll.

ANWENDUNG:

    CREATE SYNONYM produkt FOR artikel

legt für die Tabelle **artikel** den Alternativnamen **produkt** an.

CREATE TABLE

CREATE TABLE legt eine neue Tabelle an und ordnet diese der aktuellen Datenbank zu. Im Mehrplatzbetrieb hat zunächst nur der Ersteller einer Datenbank auf diese das alleinige Zugangsrecht. Mit Hilfe der GRANT-Anweisung (siehe Abschnitt 10.3.3) kann der Ersteller Zugriffsberechtigungen auf andere Nutzer übertragen. Zu erwähnen ist noch, daß es nicht möglich ist, mit CREATE TABLE in einem Arbeitsgang einen Index anzulegen. Hierfür muß der Bediener die Anweisung CREATE INDEX verwenden.

```
CREATE TABLE <Tabellenname>
            (<Spaltenname> <Typ> [NOT NULL],....)
            [IN "Verzeichnis"]
```

Tabellenname	steht für den Namen, unter dem das System die Tabelle anlegt.
Spaltenname	steht für den Namen einer Tabellenspalte.
Typ	repräsentiert den Datentyp einer Spalte. (siehe Kapitel 3)
NOT NULL	stellt sicher, daß in einer Spalte keine Nullwerte auftreten.
IN "Verzeichnis"	definiert das Verzeichnis, in dem die Dateien gespeichert werden sollen.

ANWENDUNG:

Im Rahmen unserer praktischen Anwendung haben wir eine Tabelle namens **artikel** angelegt und wollen nun aufzeigen, daß man diese auch mit RDSQL erstellen kann.

Ist die Datenbank **lager** aktiviert und der RDSQL-Editor aufgerufen, führt die Anweisungsfolge

```
CREATE TABLE artikel
        (artikelnummer       integer,
         bezeichnung         char(20),
         verpackungseinheit  smallint,
         lagerzone           char(1),
         lagerort            char(4),
         listenpreis         money(8,2),
         einkaufspreis       money(8,2),
         mengeneinheit       char(2),
         bestand             integer);
CREATE UNIQUE INDEX idx01
        ON artikel (artikelnummer)
```

zur Erstellung der Tabelle **artikel**, die dem entsprechenden Verzeichnis bzw. Katalog zugeordnet wird. Wie bereits bekannt ist der zu vereinbarende Index mit einer gesonderten Anweisungsfolge zu erstellen. Werden mehrere RDSQL-Anweisungen erteilt, sind sie immer durch ein Semikolon voneinander zu trennen.

CREATE VIEW

Mit CREATE VIEW lassen sich virtuelle Tabellen, sog. Views, erstellen. RDSQL unterscheidet zwischen "wirklichen" Tabellen, wie z. B. artikel oder kunden, und Views, die keine Daten enthalten. Ein View dient dazu, Daten zu selektieren, also bestimmte Daten aus einer "wirklichen" Tabelle herauszufiltern.

CREATE VIEW \<view-name> [(Spaltenliste)]
        AS SELECT-statement [WITH CHECK OPTION]

view-name	steht für den Namen des Views.
Spaltenliste	definiert die Spaltennamen des Views. Ohne Vereinbarung einer Spaltenliste, übernimmt das System die Spaltennamen der "wirklichen" Tabelle, die im Rahmen des SELECT-statements zugrundegelegt wird.
SELECT-statement	steht stellvertretend für eine SELECT-Anweisungsfolge. Die SELECT-Anweisung wird im Abschnitt 10.4 noch eingehend erörtert.
WITH CHECK OPTION	stellt sicher, daß bestimmte Spalten mit der Anweisung UPDATE (siehe Abschnitt 10.3.2) nicht korrigiert werden können.

Spricht der Anwender nun mit einer SELECT-Anweisung ein erstelltes View an (siehe auch Teil B der Anwendung), greift das System über dieses View auf die wirkliche Tabelle zu und liefert das gewünschte Datenmaterial. Mit der Anweisung INSERT (siehe Abschnitt 10.3.2) kann man Daten über ein View in eine wirkliche Tabelle übertragen und mit UPDATE den gleichen Weg für eine Korrektur verwenden. Hat man ein View erstellt und dabei die Klausel **WHERE bezeichnung="Kreissäge"** vereinbart, so stellt das Schlüsselwort WITH CHECK OPTION sicher, daß eine Korrektur des Inhalts der Tabellenspalte **bezeichnung** mit der UPDATE-Anweisung nicht möglich ist. Das SELECT-statement darf keine ORDER BY-Klausel und keinen UNION-Operator aufweisen.

ANWENDUNG:

Teil A
      CREATE VIEW virtab
          (bezeichnung, listenpreis, einkaufspreis)
          AS SELECT bezeichnung, listenpreis, einkaufspreis
          FROM artikel
          WHERE bezeichnung= "Bohrmaschine"
          WITH CHECK OPTION

Es wird ein View namens **virtab** erstellt, dem die "wirkliche" Tabelle **artikel** zugrundegelegt ist. Das View verfügt über drei Spalten, und zwar **bezeichnung, listenpreis** und **einkaufspreis**.

Teil B
    SELECT *
        FROM virtab

greift über das oben definierte View **virtab** auf die wirkliche Tabelle **artikel** zu und listet sämtliche Artikel mit der Bezeichnung **Bohrmaschine** auf dem Bildschirm an. Hierbei werden die Inhalte der Spalten **bezeichnung, listenpreis** und **einkaufspreis** der entsprechenden Datensätze angezeigt.

DATABASE

DATABASE dient dazu, eine Datenbank zu aktivieren bzw. zu öffnen.

DATABASE <Datenbankname> [EXCLUSIVE]

Datenbankname	ist der Name der Datenbank, die geöffnet werden soll.
EXCLUSIVE	vereinbart, daß derjenige, der die Datenbank geöffnet hat, das alleinige Zugriffsrecht hat.

ANWENDUNG:

    DATABASE lager

aktiviert eine Datenbank namens **lager**.

DROP DATABASE

Mit der Anweisung DROP DATABASE (Lösche Datenbank) kann der Anwender eine komplette Datenbank löschen. Der Löschvorgang umfaßt sämtliche Systemdateien, Tabellen, Indizes und Daten.

DROP DATABASE <Datenbankname>

Datenbankname   steht für den Namen der zu löschenden Datenbank.

Um unter UNIX eine Löschung vorzunehmen, muß der Benutzer Inhaber der Datenbank sein oder aber die DBA-Berechtigung (siehe Abschnitt 10.3.3) besitzen. Eine aktuelle Datenbank kann man nicht löschen. In einem solchen Fall ist zunächst die CLOSE DATABASE-Anweisung auszuführen. Es wird ausdrücklich darauf hingewiesen, die DROP DATABASE-Anweisung mit Vorsicht einzusetzen, da das System den Anwender nicht dazu auffordert, den einzuleitenden Löschvorgang zu bestätigen.

ANWENDUNG:

>**DROP DATABASE Lager**

löscht die Datenbank **Lager**, einschließlich der Systemtabellen, Indizes und Daten.

DROP INDEX

Mit der DROP INDEX-Anweisung läßt sich ein Index löschen. Allerdings muß sichergestellt sein, daß der Anwender entweder Inhaber der betreffenden Tabelle ist oder aber die DBA-Berechtigung besitzt.

DROP INDEX <Indexname>

Indexname   repräsentiert den Namen des zu löschenden Index.

ANWENDUNG:

Die Anweisung

>**DROP INDEX idx07**

löscht den Index **idx07**.

DROP SYNONYM

DROP SYNONYM löscht einen definierten Alternativnamen. Das System führt die Anweisung nur dann aus, wenn der Anwender den Alternativnamen selbst angelegt hat.

DROP SYNONYM <synonym>

synonym ist der Alternativname.

ANWENDUNG:

Einen mit der Anweisungsfolge

> **CREATE SYNONYM produkt FOR artikel**

definierten Alternativnamen **produkt** kann man mit folgender Befehlsfolge wieder löschen:

> **DROP SYNONYM produkt**

DROP TABLE

Die vorstehende Anweisung löscht eine komplette Tabelle, einschl. ihrer Indizes und Daten. Der Löschvorgang umfaßt gegebenenfalls vorhandene Synonyme, Benutzer-Berechtigungen und bestehende virtuelle Tabellen (s. CREATE VIEW). Ein Anwender kann eine Tabelle nur dann löschen, wenn er der Inhaber ist oder aber die DBA-Berechtigung besitzt. Ebenso wie bei der DROP DATABASE-Anweisung verlangt das System keine Bestätigung des durchzuführenden Löschvorgangs.

DROP TABLE <Tabellenname>

Tabellenname steht für den Namen der zu löschenden Tabelle.

ANWENDUNG :

> **DROP TABLE artikel**

Die Tabelle **artikel** wird gelöscht.

DROP VIEW

DROP VIEW löscht eine virtuelle Tabelle. Dabei kann der Anwender nur die Tabellen löschen, die er auch selbst angelegt hat.

DROP VIEW <view-name>

view-name   steht für den Namen des zu löschenden Views.

ANWENDUNG:

Die virtuelle Tabelle **virtab** läßt sich mit der Anweisung

>   **DROP VIEW virtab**

löschen.

RENAME COLUMN

Mit RENAME COLUMN lassen sich Tabellenspalten umbenennen. Dabei wird vorausgesetzt, daß der Anwender entweder Inhaber der angesprochenen Tabelle ist oder die DBA-Berechtigung besitzt.

RENAME COLUMN <Tabelle.alte Spalte> TO <neue Spalte>

Tabelle	steht für den Namen der Tabelle, in der ein Spaltenname zu ändern ist.
alte Spalte	steht für den alten Spaltennamen.
neue Spalte	steht für den neuen Spaltennamen.

ANWENDUNG:

>   **RENAME COLUMN artikel.bezeichnung TO ausdruck**

In der Datei **artikel** wird die Tabellenspalte **bezeichnung** in **ausdruck** umgewandelt.

RENAME TABLE

RENAME TABLE führt zu der Umbenennung einer bestehenden Tabelle. Die Umbenennung erfolgt nur dann, wenn der Anwender entweder Inhaber der Tabelle ist oder die DBA-Berechtigung besitzt.

RENAME TABLE <alter Name> TO <neuer Name>

alter Name   steht für den Namen der Tabelle, die umzubenennen ist.
neuer Name   steht für den Namen, den die Tabelle erhalten soll.

ANWENDUNG:

Im Falle einer notwendigen Umbenennung der Tabelle **artikel** auf den Namen **produkt** ist mit folgender Anweisung zu arbeiten:

RENAME TABLE artikel TO produkt

UPDATE STATISTICS

UPDATE STATISTICS führt eine statistische Auswertung durch, indem den Systemdateien aktuelle Informationen über die vereinbarte/n Tabelle/n zugewiesen werden.

UPDATE STATISTICS [FOR TABLE <Tabellen-Name>]

FOR TABLE Tabellen-Name   definiert die Tabelle, die ausgewertet werden soll.

Wird die Klausel FOR TABLE vernachlässigt, bezieht sich die Anweisung auf sämtliche Tabellen der aktuellen Datenbank.

ANWENDUNG:

UPDATE STATISTICS FOR TABLE artikel

unterzieht die Tabelle **artikel** einer statistischen Auswertung.

10.3.2 RDSQL-Anweisungen zur Manipulation von Daten

In diesem Abschnitt finden Sie folgende **SQL-Anweisungen:**

DELETE	Löschen von Datensätzen
INSERT	Übertragen von Daten
UPDATE	Korrigieren von Daten

DELETE

Mit der DELETE-Anweisung lassen sich eine oder mehrere Zeilen einer Tabelle löschen. Vernachlässigt man die optionale WHERE-Klausel, so löscht das System sämtliche Zeilen der vereinbarten Datenbank.

DELETE FROM <Tabellenname> [WHERE <Bedingung>]

Tabellenname	steht für den Namen der Tabelle, aus der Zeilen zu löschen sind.
WHERE Bedingung	ist eine Standard-WHERE-Klausel wie sie im Abschnitt 10.4.3 noch besprochen wird. Alle Zeilen, die der Klausel entsprechen, werden gelöscht.

ANWENDUNG:

DELETE FROM artikel WHERE bezeichnung="Bohrmaschine"

löscht aus der Tabelle **artikel** sämtliche Datensätze mit der Bezeichnung **Bohrmaschine**.

INSERT

Mit der INSERT-Anweisung lassen sich nachträglich Daten in eine vorhandene Tabelle übertragen. Sowohl die Resultate einer SELECT-Anweisung als auch die direkte Eingabe der Daten über das Schlüsselwort VALUES, wobei die Werteliste auch Variable aufnimmt, werden in gleicher Weise berücksichtigt und in die Tabelle übertragen.

Datenbanken befragen mit RDSQL

INSERT INTO <Tabellen-Name> [(<Spaltenliste>)]
    {**VALUES** (<Werteliste>)
    | SELECT-statement}

Tabellen-Name	steht für den Namen der Tabelle, in die man Daten übertragen will.
Spaltenliste	vereinbart anhand der Namen die Spalten der Tabelle, denen man weitere Daten zuführen will. Mehrere Spaltennamen sind durch ein Komma voneinander zu trennen. Man kann auf die Spaltenliste verzichten, wenn die zu übertragenden Werte (siehe Werteliste) der Reihenfolge der Tabellenfelder entsprechen. Andernfalls - die Reihenfolge stimmt nicht überein oder es sollen nicht alle Felder mit Werten ausgefüllt werden - sind die entsprechenden Spaltennamen anzugeben.
VALUES	überträgt die in der **Werteliste** vereinbarten Daten in die vereinbarte Tabelle.
Werteliste	steht für die zu übertragenden Werte. Mehrere Werte sind durch ein Komma voneinander zu trennen. Werte vom Typ CHAR oder DATE sind stets in Anführungszeichen zu setzen (s.a. die Anwendung).
SELECT-Anweisung	steht für eine komplette SELECT-Anweisung, auf die wir im Abschnitt 10.4 noch ausführlich eingehen.

Arbeitet man mit dem INSERT-Kommando, ist darauf zu achten, daß in der FROM-Klausel der SELECT-Anweisung nicht der Name der Zieltabelle steht, sondern sichergestellt ist, daß die Daten stets aus einer anderen Tabelle kommen. Darüber hinaus darf die SELECT-Anweisung keine INTO TEMP- oder ORDER BY-Klausel aufweisen.

<u>ANWENDUNG:</u>

    INSERT INTO artikel (artikelnummer,bezeichnung,
        verpackungseinheit,listenpreis,einkaufspreis,bestand)
        VALUES (22,"Schutzrohr",1,1200,1100,20)

In die Tabelle **artikel** wird ein weiterer Datensatz hinzugefügt, wobei die Spalten **lagerzone** und **lagerort** vernachlässigt werden.

UPDATE

Die UPDATE-Anweisung verwendet man zum Korrigieren von Spalteninhalten einer Tabelle.

UPDATE <Tabellen-Name> SET <Spalten-Name=Ausdruck> [, ...]
    [WHERE <Bedingung>]

Tabellen-Name	steht für den Namen der zu korrigierenden Tabelle.
Spalten-Name	vereinbart die zu ändernden Tabellenspalten. Werden mehrere Spalten in die Korrektur einbezogen, sind die einzelnen Zuweisungen durch ein Komma voneinander zu trennen.
Ausdruck	repräsentiert den zuzuweisenden Wert.
WHERE Bedingung	steht für eine zu formulierende Bedingung, um bestimmte Datensätze zu selektieren. Im Rahmen der SELECT-Anweisung (s. Abschnitt 10.4) kommen wir auf diese WHERE-Klausel noch einmal ausführlich zurück.

Auf SERIAL-Spalten läßt sich die UPDATE-Anweisung nicht anwenden. Eine Befehlsfolge kann mehrere Zeilen und Spalten berücksichtigen. Darüber hinaus ist es möglich, anstatt eines Ausdrucks eine komplette SELECT-Anweisung zu vereinbaren.

ANWENDUNG:

    UPDATE artikel
        set bestand = 40, einkaufspreis = 11.90
        where artikelnummer = 112

ändert in der Tabelle **artikel** den Datensatz mit der Artikelnummer **112**. Hierbei wird der Bestand von 30 auf 40 Einheiten und der Einkaufspreis von 36.30 DM auf 11.90 DM gesetzt.

10.3.3 RDSQL-Anweisungen für den Zugriff auf Daten

In diesem Abschnitt finden Sie folgende **SQL-Anweisungen**:

GRANT	Vergabe von Zugriffsberechtigungen
LOCK TABLE	Sperren der aktuellen Tabelle
REVOKE	Zurücknehmen von Zugriffsberechtigungen
SET LOCK MODE	Vereinbaren von Warteschleifen
UNLOCK TABLE	Zurücknehmen von Tabellensperrungen

GRANT

Die GRANT-Anweisung findet ihren Einsatz im Mehrplatzbetrieb und erlaubt dem Inhaber einer Tabelle bzw. Datenbank, gewisse Rechte in eingeschränkter oder uneingeschränkter Form auf andere Nutzer zu übertragen.

GRANT <Tabellen-Berechtigung> ON <Tabellen-Name>
  TO {PUBLIC | Benutzerliste}
  [WITH GRANT OPTION]

GRANT <Datenbank-Berechtigung> TO {PUBLIC | Benutzerliste}

Tabellen-Berechtigung repräsentiert den Umfang der Berechtigungen, die einem anderen Nutzer auf eine Tabelle eingeräumt werden sollen und steht stellvertretend für die nachfolgenden Anweisungen:

ALTER	stellt sicher, daß andere Nutzer Spalten der Tabelle löschen und einfügen können. Darüber hinaus besteht die Möglichkeit zur Korrektur eines Datentyps;
DELETE	stellt sicher, daß andere Nutzer Datensätze der Tabelle löschen können;
INDEX	stellt sicher, daß andere Nutzer Indizes vereinbaren können;
INSERT	stellt sicher, daß andere Nutzer Datensätze in die Tabelle übertragen können;
SELECT	stellt sicher, daß andere Nutzer Daten der

	Tabelle abrufen können. Soll lediglich ein Zugriff auf bestimmte Spalten bestehen, so sind diese der SELECT-Anweisung nachzustellen und durch ein Komma voneinander zu trennen. Alle weiteren Spalten bleiben dann gesperrt;
UPDATE	stellt sicher, daß andere Nutzer Daten der Tabelle verändern können. Auch hier kann man den Zugriff auf bestimmte Spalten begrenzen, indem man sie der UPDATE-Anweisung nachstellt;
ALL	stellt sicher, daß alle zuvor genannten Zugriffsberechtigungen für andere Nutzer bestehen.

Tabellen-Name	steht für den Namen der Tabelle, für die andere Nutzer die zuvor erläuterten Berechtigungen erhalten sollen.
PUBLIC	überträgt sämtliche zuvor besprochenen Zugriffsberechtigungen auf alle Nutzer.
Benutzerliste	repräsentiert eine Liste der Namen, die die zuvor besprochenen Berechtigungen erhalten sollen. Als Name ist hierbei der sog. LOGIN-Name zu verwenden, mit dem sich die UNIX-Anwender in das Betriebssystem "einloggen" müssen. Die einzelnen Nutzer sind der Reihe nach aufzuführen und durch ein Komma voneinander zu trennen.
WITH GRANT OPTION	räumt dem Empfänger der Tabellen-Berechtigungen ein, die erhaltenen Rechte auch an andere Nutzer weiterzugeben zu können.
Datenbank-Berechtigung	repräsentiert eine der nachstehend aufgeführten Zugriffsberechtigungen:

CONNECT	erteilt anderen Nutzern das Zugriffsrecht auf die Tabellen einer Datenbank. Das Recht, Tabellen und Indizes anzulegen wird dabei nicht übertragen;
RESOURCE	entspricht der zuvor erläuterten Berechtigung, zusätzlich des Rechts, Tabellen und Indizes anzulegen;
DBA	erteilt anderen Nutzern die sog. "Datenbankverwalter-Berechtigung". Diese gewährt einen uneingeschränkten Zugriff auf die Datenbank.

ANWENDUNGEN:

GRANT ALL ON artikel TO PUBLIC

erteilt allen Nutzern das Recht, in uneingeschränkter Form auf die Tabelle **artikel** zuzugreifen.

GRANT DBA TO PUBLIC

erteilt allen Nutzern das Recht, in uneingeschränkter Form auf die aktuelle Datenbank zuzugreifen.

LOCK TABLE

Mit der LOCK TABLE-Anweisung kann der Benutzer die aktuelle Tabelle sperren, und zwar so, daß andere gar nicht darauf zugreifen können oder lediglich den sog. Lesezugriff erhalten. Die praktische Notwendigkeit dieser Anweisung besteht insbesondere dann, wenn in einer Tabelle umfangreiche Korrekturen anstehen, und der Korrigierende sicherstellen will, daß während dieses Arbeitsgangs keine anderen Anwender zugreifen können.

LOCK TABLE <Tabellen-Name> IN {SHARE | EXCLUSIVE} MODE

Tabellen-Name	steht für den Namen der zu sperrenden Tabelle.
SHARE	bewirkt, daß andere Anwender die gespeicherten Datensätze nur lesen und nicht ändern können.
EXCLUSIVE	versperrt anderen Anwendern jeglichen Zugriff auf die Tabelle.

ANWENDUNG:

LOCK TABLE artikel IN SHARE MODE

versperrt anderen Nutzern den Zugriff auf die Tabelle **artikel** insoweit, daß diese lediglich einen Lesezugriff besitzen.

REVOKE

Das Zurücknehmen vergebener Tabellen- oder Datenbankzugriffsberechtigungen geschieht mit der REVOKE-Anweisung.

REVOKE <Tabellen-Berechtigung> ON <Tabellen-Name>
    FROM {PUBLIC | Benutzerliste}

REVOKE <Datenbank-Berechtigung> FROM {PUBLIC | Benutzerliste}

Tabellen-Berechtigung	repräsentiert den Umfang der zurückzunehmenden Berechtigungen. (Welche Berechtigungs-Typen es gibt, entnehmen Sie bitte der Beschreibung zur GRANT-Anweisung.)
Tabellen-Name	steht für den Namen der Tabelle, für die man die vergebenen Rechte wieder aufheben will.
Datenbank-Berechtigung	repräsentiert den Umfang der zurückzunehmenden Berechtigungen. (Welche Berechtigungs-Typen es gibt, entnehmen Sie bitte der Beschreibung zur GRANT-Anweisung.)
PUBLIC	repräsentiert sämtliche Nutzer und zieht alle vergebenen Zugriffsberechtigungen zurück.
Benutzerliste	repräsentiert eine Liste der Namen, deren Rechte zurückgenommen oder eingeschränkt werden sollen.

Als Inhaber einer Tabelle oder Datenbank oder Besitzer der DBA-Berechtigung hat man die Voraussetzung, Rechte auf andere Nutzer zu übertragen (=GRANT-Anweisung) oder die zuvor vergebenen Rechte zurückzuziehen (=REVOKE-Anweisung). Eine UPDATE- oder SELECT-Berechtigung kann man nicht spaltenweise zurückziehen, sondern nur mit Auswirkung auf die gesamte Tabelle. Gegebenenfalls sind anschließend die Berechtigungen für bestimmte Spalten neu zu vergeben. Es ist noch darauf hinzuweisen, daß nur der DBA-Berechtigte einem anderen Nutzer die DBA-Berechtigung entziehen kann. Ebenso kann der DBA-Berechtigte dem Inhaber (=Ersteller) einer Tabelle die DBA-Berechtigung entziehen.

<u>ANWENDUNGEN:</u>

    REVOKE ALL ON artikel FROM PUBLIC

entzieht allen Nutzern die uneingeschränkte Form, auf die Tabelle **artikel** zuzugreifen.

REVOKE DBA FROM PUBLIC

entzieht allen Nutzern die DBA-Berechtigung und somit den uneingeschränkten Zugriff auf die Datenbank.

SET LOCK MODE

INFORMIX-SQL gibt eine entsprechende Fehlermeldung aus, wenn mit einer RDSQL-Anweisung auf einen gesperrten Datensatz zugegriffen wird. Dieses ist die Standardeinstellung und entspricht der Anweisung SET LOCK MODE TO NOT WAIT. Hebt der Anwender diese Einstellung auf (=SET LOCK MODE TO WAIT), wartet das System solange, bis der Datensatz wieder freigegeben ist. Unter Umständen kann hierbei eine unbegrenzte Zeit verstreichen. Es ist deshalb zu empfehlen, die Standardeinstellung nur in besonderen Fällen aufzuheben.

SET LOCK MODE TO [NOT] WAIT

<u>ANWENDUNG:</u>

SET LOCK MODE TO WAIT

kehrt von der System-Voreinstellung ab. Der Anwender erhält keine Nachricht, wenn er versucht, auf einen gesperrten Datensatz zuzugreifen. Das System wartet solange, bis der gesperrte Datensatz wieder freigegeben ist.

UNLOCK TABLE

Eine zuvor mit der LOCK TABLE auferlegte Sperrung wird mit der Anweisung UNLOCK TABLE wieder aufgehoben.

UNLOCK TABLE <Tabellen-Name>

Tabellen-Name   steht für den Namen der Tabelle, von der man die zuvor auferlegte Sperrung zurücknehmen will.

ANWENDUNG:

    UNLOCK TABLE artikel

hebt eine mit der LOCK TABLE-Anweisung verhängte Sperre auf und räumt somit den anderen Anwendern wieder ein, auf die Tabelle **artikel** zugreifen zu können. Der Umfang der Zugriffsrechte richtet sich natürlich nach den Festlegungen im Rahmen der GRANT-Anweisung.

10.3.4 RDSQL-Anweisungen für die Integrität der Daten

In diesem Abschnitt finden Sie folgende **SQL-Anweisungen**:

CREATE AUDIT	Anlegen eines Tabellen-Modifikations-Protokolls
DROP AUDIT	Löschen eines Tabellen-Modifikations-Protokolls
RECOVER TABLE	Rekonstruieren des aktuellen Datenbestands
BEGIN WORK	Vereinbaren des Anfangs einer Transaktion
COMMIT WORK	Beenden einer Transaktion
ROLLBACK WORK	Zurücknehmen von Veränderungen
START DATABASE	Nachträgliches Erstellen eines Transaktionsprotokolls
ROLLFORWARD DATABASE	Rekonstruieren der aktuellen Datenbank

CREATE AUDIT

CREATE AUDIT legt ein Tabellen-Modifikations-Protokoll an. In diesem protokolliert das System sämtliche an einer bestimmten Tabelle vorgenommenen Ergänzungen, Löschungen und Korrekturen.

CREATE AUDIT FOR <Tabellen-Name> IN <"Pfadname">

Tabellen-Name   steht für den Namen der Tabelle, für die man ein Tabellen-Modifikations-Protokoll anlegen will.
Pfadname   ist der Pfad, unter dem das Protokoll abgelegt wird.

Zusammen mit einer Sicherungskopie, die zum Zeitpunkt der Protokollerstellung bestehen sollte, dient das Protokollieren dazu, jederzeit den aktuellen Datenbestand nachvollziehen zu können. Zur Erhöhung der Datensicherheit ist es ratsam, das Protokoll - ein Protokoll ist stets in einer separaten sog. Protokoll-Tabelle gespeichert - und den Datenbestand auf unterschiedlichen Datenträgern zu speichern. CREATE AUDIT kann nur der Inhaber einer Tabelle verwenden oder ein Nutzer, der für diese die DBA-Berechtigung besitzt.

ANWENDUNGEN:

    CREATE AUDIT FOR artikel IN "/sicher/rekonst"

legt unter Einsatz des Betriebssystems **UNIX** im Unterpfad **sicher** ein Tabellen-Modifikations-Protokoll namens **rekonst** an.

    CREATE AUDIT FOR artikel IN "a:rekonst"

legt unter Einsatz des Betriebssystems MS-DOS oder Advanced Netware auf dem Datenträger im Laufwerk **a:** ein Tabellen-Modifikations-Protokoll namens **rekonst** an.

DROP AUDIT

Mit DROP AUDIT kann der Anwender ein erstelltes Tabellen-Modifikations-Protokoll löschen.

DROP AUDIT FOR <Tabellen-Name>

Tabellen-Name   steht für den Namen der Tabelle, dessen Tabellen-Modifikations-Protokoll geöscht werden soll.

DROP AUDIT kann nur der Inhaber der Tabelle oder der DBA-Berechtigte erteilen. In der Praxis wird die Anweisung fast ausschließlich dann verwendet, wenn eine neue Sicherungskopie des aktuellen Datenbestands erstellt wurde und das bisherige Protokoll nicht mehr benötigt wird.

ANWENDUNG:

    DROP AUDIT FOR artikel

löscht das Tabellen-Modifikations-Protokoll der Datei **artikel**.

RECOVER TABLE

Mit RECOVER TABLE kann der Anwender jederzeit den aktuellen Stand einer Tabelle rekonstruieren. Hierbei wird die erstellte Sicherungskopie und das vom System geführte Tabellen-Modifikations-Protokoll zugrundegelegt.

RECOVER TABLE <Tabellen-Name>

Tabellen-Name   steht für den Namen der zu rekonstuierenden Tabelle.

Um die Anweisung erteilen zu können, muß man entweder Inhaber der entsprechenden Tabelle sein oder die DBA-Berechtigung besitzen. Hat der Anwender eine Sicherungskopie z.B. mit dem DOS-Befehl BACKUP angefertigt, muß er zunächst die Kopie mit dem Befehl RESTORE "restaurieren", und anschließend die Anweisung RECOVER TABLE erteilen.

ANWENDUNG:

Für die nachstehend angeführten und jeweils erläuterten Anweisungen wird vorausgesetzt, daß eine Sicherungskopie der Tabelle **artikel** in "restaurierter" Form und ein entsprechendes Tabellen-Modifikations-Protokoll vorliegt.

   RECOVER TABLE artikel;

rekonstruiert den aktuellen Datenbestand der Tabelle **artikel**. Hierbei wird die Sicherungskopie einerseits und das geführte Protokoll andererseits berücksichtigt.

   DROP AUDIT FOR artikel;

löscht das alte Tabellen-Modifikations-Protokoll der Datei **artikel**.

   CREATE AUDIT FOR artikel IN "a:rekonst"

legt unter Einsatz des Betriebssystems MS-DOS auf dem Datenträger im Laufwerk **a:** ein neues Tabellen-Modifikations-Protokoll namens **rekonst** an.

BEGIN WORK

Die RDSQL-Anweisung BEGIN WORK vereinbart den Anfang einer Transaktion und bewirkt, daß sämtliche Datensätze, die nach Erteilung dieses Befehls geändert werden, für andere Nutzer gesperrt sind. Die Sperre umfaßt nicht den Lesezugriff. Die Sperrungen ermöglichen es, mehrere Arbeitsgänge als Ganzes durchführen zu können. Erst wenn mit COMMIT WORK das Ende einer Transaktion bestimmt wird, können andere Nutzer wieder auf die betroffenen Datensätze zugreifen und diese modifizieren, sofern sie die entsprechenden Berechtigungen besitzen. Die BEGIN WORK-Anweisung kann man nur dann verwenden, wenn bei der Anlage einer Datenbank mit CREATE DATABASE die Klausel WITH LOG IN gesetzt wurde. Wie bereits angeführt legt diese Klausel eine Transaktions-Protokoll-Datei an, die sämtliche Änderungen der vereinbarten Datenbank protokolliert.

ANWENDUNG:

BEGIN WORK

führt dazu, daß nach jeder erteilten UPDATE-, DELETE- oder INSERT-Anweisung der betroffene Datensatz für andere Nutzer gesperrt ist. Solange, bis man mit COMMIT WORK das Ende der Transaktion vereinbart.

COMMIT WORK

COMMIT WORK beendet eine Transaktion und bewirkt, daß sämtliche Veränderungen, die man nach Erteilung der BEGIN WORK-Anweisung durchgeführt hat, bestehen bleiben. Darüber hinaus hebt COMMIT WORK sämtliche Sperrungen der Datensätze und Tabellen wieder auf.

ANWENDUNG:

COMMIT WORK

beendet eine Transaktion, weist das System an, daß alle getätigten Veränderungen bestehen bleiben sollen und stellt sicher, daß andere Nutzer wieder auf die gesperrten Datensätze und Tabellen zugreifen können.

ROLLBACK WORK

Die ROLLBACK WORK-Anweisung ist dann zu verwenden, wenn alle nach Erteilung der Anweisung BEGIN WORK vorgenommenen Veränderungen zurückzunehmen sind. Ebenso wie COMMIT WORK hebt auch ROLLBACK WORK alle Sperren wieder auf.

ANWENDUNG :

ROLLBACK WORK

beendet eine Transaktion, weist das System an, alle getätigten Veränderungen zurückzunehmen und gibt die gesperrten Datensätze und Tabellen wieder frei.

START DATABASE

Mit der START DATABASE-Anweisung kann der Anwender nachträglich ein Transaktionsprotokoll erstellen oder den Namen eines bestehenden Protokolls umbenennen. Sofern eine aktuelle bzw. geöffnete Datenbank vorliegt, ist diese zunächst zu schließen.

START DATABASE <Datenbankname> WITH LOG IN "Tabellenname"

Datenbankname	steht für den Namen der Datenbank, für die nachträglich eine Transaktionsprotokoll-Tabelle angelegt werden soll.
Tabellenname	ist der Name der nachträglich anzulegenden Transaktionsprotokoll-Tabelle. Zu beachten ist, daß der Name in Anführungszeichen steht.

ANWENDUNG :

START DATABASE lager WITH LOG IN "a:transpro"

legt unter Einsatz des Betriebssystems MS-DOS oder Advanced Netware auf dem Datenträger im Laufwerk **a:** nachträglich ein Transaktionsprotokoll namens **transpro** an.

ROLLFORWARD DATABASE

Der Anwender hat mit der vorstehenden Anweisung die Möglichkeit der Rekonstruktion einer Datenbank. Hierbei wird die erstellte Sicherungskopie (=Datenbankname) und das vom System geführte Transaktionsprotokoll zugrundegelegt. Aus beiden erstellt das System eine Datenbank, die auf dem neuesten Stand ist. Der neueste Stand umfaßt die zuletzt vorgenommene Transaktion.

ROLLFORWARD DATABASE <Datenbankname>

Datenbankname   steht für den Namen der zu rekonstruierenden Datenbank.

ANWENDUNG :

    ROLLFORWARD DATABASE lager

rekonstruiert die Datenbank **lager**. Hierbei greift das System auf das Protokoll **transpro** (siehe START DATABASE) und die Sicherungskopie **lager** zurück und erstellt aus beiden eine Datenbank, die auf dem neuesten Stand ist.

10.3.5 RDSQL-Hilfsanweisungen

In diesem Abschnitt finden Sie folgende **SQL-Anweisungen:**

CHECK TABLE	Überprüfen vorhandener Indizes
REPAIR TABLE	Wiederherstellen zerstörter Indizes
LOAD	Einlesen von ASCII-Datenmaterial
UNLOAD	Übertragen von Daten in das ASCII-Format
INFO	Abrufen von Informationen
OUTPUT	Übertragen und Ausgeben von Daten

CHECK TABLE

CHECK TABLE veranlaßt das System, zu überprüfen, ob die angelegten Indizes noch in korrekter Form bestehen; denn im Rahmen einer Anwendung kann es durchaus zu einem Systemabsturz oder Stromausfall kommen, der eine Vernichtung bestehender Daten und Indizes nach sich ziehen kann. Ein Anwender kann CHECK TABLE auf eine bestimmte Tabelle nur dann anwenden, wenn er entweder Inhaber der Tabelle ist oder für diese die DBA-Berechtigung besitzt.

CHECK TABLE <Tabellenname>

Tabellenname steht für den Namen der zu überprüfenden Tabelle.

ANWENDUNG :

CHECK TABLE <artikel>

überprüft in Bezug auf die Datei **artikel** die vorliegenden Indexeinträge.

REPAIR TABLE

Hat man mit CHECK TABLE festgestellt, daß der Index einer Tabelle zerstört ist, kann der Anwender ihn mit REPAIR TABLE wieder herstellen. Ebenso wie bei CHECK TABLE setzt der Einsatz von REPAIR TABLE voraus, daß der Anwender Inhaber der entsprechenden Tabelle ist oder die DBA-Berechtigung besitzt.

REPAIR TABLE <Tabellenname>

Tabellenname steht für den Namen der Tabelle, für die man den Index wieder aufbauen will.

ANWENDUNG :

REPAIR TABLE artikel

stellt versehentlich zerstörte Indizes der Datei **artikel** wieder her.

LOAD

RDSQL bietet mit der LOAD-Anweisung die Möglichkeit zum Einlesen von Datenmaterial, das im sog. ASCII-Format gespeichert vorliegt.

LOAD FROM "systemdatei" INSERT INTO <Tabellenname>

Systemdatei repräsentiert den Namen der Datei, von der man Daten in die Datenbank-Tabelle übertragen will.

Tabellenname repräsentiert den Namen der Tabelle, der man die Daten einer Systemdatei zuweisen will.

Der Anwender sollte vor Erteilung des LOAD-Kommandos feststellen, ob der Datensatzaufbau der Systemdatei mit dem der angelegten Tabelle übereinstimmt - hierbei sind sowohl Reihenfolge und Typen als auch die Länge der einzelnen Felder maßgeblich. Wird ein Datum einem alphanumerisch angelegten Datenfeld zugewiesen, und ist dieses Datum länger als das vereinbarte Feld, so wird es an entsprechender Stelle abgeschnitten. Um mit der LOAD-Anweisung arbeiten zu können, muß der Anwender entweder Inhaber der betreffenden Tabelle sein, die DBA-Berechtigung besitzen oder im Rahmen der GRANT-Anweisung die INSERT-Erlaubnis erhalten haben.

ANWENDUNG:

LOAD FROM "c:system" INSERT INTO artikel

überträgt den Inhalt der Systemdatei **system**, die sich auf dem Datenträger im Laufwerk **c:** befindet, in die INFORMIX-Tabelle **artikel**.

UNLOAD

Die vorstehende Anweisung überträgt den Inhalt einer INFORMIX-SQL-Tabelle in eine Systemdatei. Hierbei findet eine Abspeicherung im ASCII-Code statt. Man kann UNLOAD nur dann erteilen, wenn man Inhaber der betreffenden Tabelle ist, die DBA-Berechtigung besitzt oder im Rahmen der GRANT-Anweisung die SELECT-Erlaubnis zugewiesen bekommen hat.

UNLOAD TO "systemdatei" SELECT-Anweisung

systemdatei repräsentiert den Namen der Datei, in die der Inhalt einer Datenbank-Tabelle zu übertragen ist.

SELECT-Anweisung liefert das Datenmaterial, das in die Systemdatei zu übertragen ist. Die SELECT-Anweisung wird im Abschnitt 10.4 noch ausführlich besprochen.

ANWENDUNG :

    UNLOAD TO "system"
        SELECT *
        FROM artikel

überträgt den kompletten Inhalt der Datenbank-Tabelle **artikel** in die Systemdatei **system**. Die Abspeicherung erfolgt im sog. ASCII-Format.

INFO

Mit der RDSQL-Anweisung INFO kann der Anwender unterschiedliche Informationen über eine Tabelle abrufen. Als Alternative steht im Rahmen des Tabelle-Menüs und des RDSQL-Menüs jeweils die Option **Info** zur Verfügung.

INFO {TABLES | COLUMNS FOR <Tabellenname>
      | INDEXES FOR <Tabellenname>
      | [ACCESS | PRIVILEGES] FOR <Tabellenname>
      | STATUS FOR <Tabellenname>}

TABLES weist das System an, auf dem Bildschirm eine Liste der zu der aktuellen Datenbank gehörenden Tabellen auszugeben.

COLUMNS FOR weist das System an, die Spalten-Namen und Datentypen einer vereinbarten Tabelle auf dem Bildschirm auszugeben.

INDEXES FOR weist das System an, Informationen über bestehende Indexeinträge der vereinbarten Tabelle auf dem Bildschirm auszugeben. Dabei werden sowohl Name und Inhaber des Indizes als auch der Indextyp und die entsprechenden Spaltennamen ermittelt.

ACCESS FOR weist das System an, die Zugriffsrechte, die andere Nutzer auf die vereinbarte Tabelle haben, zu ermitteln und am Bildschirm

	anzulisten.
PRIVILEGES FOR	entspricht ACCESS FOR.
STATUS FOR	weist das System an, grundsätzliche Informationen über die vereinbarte Tabelle zu liefern. Diese umfassen den Besitzer, die Zeilenlänge, das Datum der Erstellung, die Menge der bestehenden Spalten und Zeilen sowie das Tabellen-Modifikations-Protokoll der Tabelle.
Tabellenname	repräsentiert den Namen der Tabelle, über die man Informationen abrufen will.

ANWENDUNG:

INFO COLUMNS FOR artikel

liefert Einzelheiten über die Spalten der Datenbank-Tabelle **artikel**. Hierbei werden Namen und Typen der jeweiligen Spalte angezeigt.

OUTPUT

OUTPUT räumt dem Anwender ein, Datenmaterial zunächst zu bestimmen und anschließend dem System mitzuteilen, ob dieses Material in eine Systemdatei einzustellen, über einen Drucker auszugeben oder an eine PIPE (nur unter UNIX möglich) zu übertragen ist.

OUTPUT TO {<systemdatei> | <PIPE Programm>}
    [WITHOUT HEADINGS] SELECT-Anweisung

systemdatei	repräsentiert den Namen der Datei, in die man die Resultate der Abfrage übertragen will.
PIPE Programm	ist dann zu verwenden, wenn die Resultate an ein anderes Programm zu senden sind. **Programm** ist hierbei der Name des Programms, an das die Resultate gesendet werden sollen.
WITHOUT HEADINGS	weist das System an, die Resultate ohne Spaltenüberschriften auszugeben.
SELECT-Anweisung	ist zwingend vorgeschrieben. Sie liefert das in die **systemdatei** oder das **Programm** zu übertragende Datenmaterial. Die SELECT-Anweisung wird in Abschnitt 10.4 noch ausführlich besprochen.

ANWENDUNG:

> OUTPUT TO system
> SELECT *
> FROM artikel

überträgt den kompletten Inhalt der Datenbank-Tabelle **artikel** in die Systemdatei **system**.

10.4 Die Select-Anweisung

Die bedeutendste Anweisung der Datenbankabfragesprache RDSQL ist SELECT. Sie ermöglicht es, schnell und einfach eine Tabelle zu befragen. Hierbei kann der Anwender auf das gesamte Datenmaterial einer Tabelle bzw. mehrerer Tabellen zugreifen und eine individuelle Selektion vornehmen.
Im einzelnen kann sich eine komplette SELECT-Anweisung aus bis zu sieben Komponenten (=Bedingungen) zusammensetzen:

SELECT-Bedingung	FROM	- Bedingung
	WHERE	- Bedingung
	GROUP BY	- Bedingung
	HAVING	- Bedingung
	ORDER BY	- Bedingung
	INTO TEMP	- Bedingung

Bis auf die SELECT- und die FROM-Bedingung sind alle anderen Bedingungen optional. Bevor die jeweiligen Komponenten der Reihe nach vorgestellt werden, sind zunächst noch kurz die arithmetischen Operatoren, die Vergleichsoperatoren und die logischen Operatoren zu erläutern. Diese haben innerhalb der SELECT-Anweisung ihre besondere Bedeutung und bieten dem Anwender die Möglichkeit, im Rahmen der Befragung z.B. Vergleiche oder Verknüpfungen zu vereinbaren.

Arithmetische Operatoren:

Das Zeichen	+	entspricht der Operation	**Addition**
Das Zeichen	-	entspricht der Operation	**Subtraktion**
Das Zeichen	*	entspricht der Operation	**Multiplikation**
Das Zeichen	/	entspricht der Operation	**Division**

Vergleichsoperatoren:

Das Zeichen	=	entspricht der Operation	**gleich**
Die Zeichen	!=	entsprechen der Operation	**ungleich**
Die Zeichen	<>	entsprechen der Operation	**ungleich**
Das Zeichen	>	entspricht der Operation	**größer als**
Die Zeichen	>=	entsprechen der Operation	**größer als oder gleich**
Das Zeichen	<	entspricht der Operation	**kleiner**
Die Zeichen	<=	entsprechen der Operation	**kleiner als oder gleich**

Logische Operatoren:

INFORMIX-SQL läßt es zu, mit logischen Operatoren zu arbeiten, die dazu dienen, Mehrfachbedingungen oder kompliziertere Bedingungen zu formulieren. Es handelt sich dabei um die Operatoren

>   NOT ,
>   AND und
>   OR .

Die angegebene Reihenfolge entspricht der Rangfolge der einzelnen Operatoren, d.h., wenn eine Bedingung zwei oder alle drei Operatoren aufweist, berücksichtigt das System zunächst den Operator NOT, dann AND und zuletzt OR.

10.4.1 Die SELECT-Bedingung

Die vorstehend angeführte Bedingung erlaubt die Befragung einer oder mehrerer Tabelle/n, die in der FROM-Klausel, die nachfolgend noch beschrieben wird, zu vereinbaren ist/sind. Hierbei kann der Befrager mit der Angabe einzelner Spaltennamen (=Liste) eine Selektion des vorliegenden Datenmaterials vornehmen. Wird anstatt der Liste der Spaltennamen der Stern "*" angegeben, kommt es zu keiner Selektion, sondern zu einer Berücksichtigung aller Daten.

SELECT [ALL | DISTINCT | UNIQUE] <Liste>

ALL   ist die Standardeinstellung und weist das System an, sämtliche Daten auszugeben, die mit der WHERE-Bedingung angesprochen werden.
DISTINCT weist das System an, sämtliche Zeilen zu löschen, die im Rahmen der Befragung doppelt auftreten.

UNIQUE erfüllt den gleichen Zweck wie DISTINCT.
Liste repräsentiert den oder die Spaltennamen der zu befragenden Tabelle. Umfaßt die Liste mehrere Spalten, so sind die jeweiligen Spaltennamen durch ein Komma voneinander zu trennen.

ANWENDUNG:

> SELECT artikelnummer,bezeichnung,bestand
> FROM artikel
> WHERE bestand>5

weist das System an, jeden Datensatz der Datei **artikel** auf dem Bildschirm auszugeben, der einen Bestand aufweist, der größer ist als 5. Die Ausgabe umfaßt die Spalten **artikelnummer**, **bezeichnung** und **bestand**.

10.4.2 Die FROM-Bedingung

Mit der FROM-Bedingung legt der Anwender fest, welche Tabellen das System im Rahmen einer SELECT-Anweisung berücksichtigen soll. Sind mehrere Tabellen einzubeziehen, so sind sie durch ein Komma voneinander zu trennen.

FROM <Tabellenname>[, ...]

Tabellenname steht für den Namen der Tabelle, die das entsprechende Datematerial enthält.

ANWENDUNG:

> SELECT *
> FROM artikel

Der komplette Inhalt der Tabelle **artikel** wird auf dem Bildschirm ausgegeben. Hierbei zeigt das System jeden Satz an, und der Bediener kann im Rahmen des Menüs

```
RUN: Next Restart Exit
Display the next page of query results.
------------------- LAGER ----------------- Press CTRL-W for Help -------
```

einen Satz nach dem anderen abrufen, bis das Tabellenende erreicht ist.

10.4.3 Die WHERE-Bedingung

Die WHERE-Bedingung verwendet man immer dann, wenn man im Rahmen einer SELECT-Anweisung nicht auf den gesamten Datenbestand einer oder mehrerer Tabellen zugreifen will, sondern nur auf einen ganz bestimmten.

WHERE <Bedingung>

Bedingung   repräsentiert eine Suchvereinbarung, mit der der Anwender eine Auswahl aus dem vorliegenden Datenbestand vornehmen kann. Hierbei lassen sich mehrere Vereinbarungen durch die logischen Operatoren AND, OR und NOT verknüpfen. Im einzelnen stehen folgende Vereinbarungstypen zur Auswahl:

- Vergleich
- Verknüpfung
- Unterabfrage

10.4.3.1 Der Vereinbarungstyp Vergleich

In diesem Zusammenhang bestehen 6 Formen, einen Vergleich zu formulieren:

- <Bezeichnung> <Vergleichsoperator> <Bezeichnung>
- <Bezeichnung> [NOT] BETWEEN <Bezeichnung> AND <Bezeichnung>
- <Bezeichnung> [NOT] IN <(Werteliste)>
- <Spaltenname> [NOT] LIKE <"Zeichenkette">
- <Spaltenname> [NOT] MATCHES <"Zeichenkette">
- <Spaltenname> IS [NOT] NULL

A) <Bezeichnung> <Vergleichsoperator> <Bezeichnung>

Bezeichnung   steht für den in den Vergleich einzubeziehenden Ausdruck.
Vergleichsoperator   steht für einen der genannten Vergleichsoperatoren.

Beispiel:

    SELECT artikelnummer,verpackungseinheit,mengeneinheit
        FROM artikel
        WHERE verpackungseinheit<11

weist das System an, jeden Datensatz der Tabelle **artikel** auf dem Bildschirm auszugeben, dessen Feld **verpackungseinheit** einen Wert aufweist, der kleiner ist als **11**. Die Ausgabe umfaßt die im Rahmen der SELECT-Bedingung vereinbarten Spalten.

B) <Bezeichnung> [NOT] BETWEEN <Bezeichnung> AND <Bezeichnung>

Bezeichnung	steht für den in den Vergleich einzubeziehenden Ausdruck.
BETWEEN	vereinbart einen bestimmten Wertebereich, der für den links von diesem Schlüsselwort stehenden Ausdruck maßgeblich ist.

Beispiele:

    SELECT artikelnummer,bezeichnung,bestand
        FROM artikel
        WHERE bestand BETWEEN 10 AND 30

weist das System an, jeden Datensatz der Tabelle **artikel** auf dem Bildschirm auszugeben, dessen Feld **bestand** einen Wert aufweist, der größer gleich **10** und kleiner gleich **30** ist. Die Ausgabe umfaßt die im Rahmen der SELECT-Bedingung vereinbarten Spalten.

    SELECT artikelnummer,bezeichnung,bestand
        FROM artikel
        WHERE bestand NOT BETWEEN 10 AND 30

weist das System an, jeden Datensatz der Tabelle **artikel** auf dem Bildschirm auszugeben, dessen Feld **bestand** einen Wert aufweist, der kleiner gleich **10** und größer gleich **30** ist. Die Ausgabe umfaßt die im Rahmen der SELECT-Bedingung vereinbarten Spalten.

C) <Bezeichnung> [NOT] IN <(Werteliste)>

Bezeichnung	steht für den in den Vergleich einzubeziehenden Ausdruck.
IN (Werteliste)	definiert in der Werteliste - stets in Klammern anzugeben - die Variablen und Konstanten, auf die sich der unter Bezeichnung vereinbarte Ausdruck bezieht. In die Werteliste kann man auch die sog. Schlüsselwortkonstanten TODAY und USER übernehmen. Mit TODAY läßt sich das aktuelle Tagesdatum ansprechen und mit USER der Benutzerlogin. Alphanumerische Werte sind stets mit Anführungszeichen einzugrenzen.

Datenbanken befragen mit RDSQL

Beispiele:

>SELECT artikelnummer,bezeichnung,lagerzone
>   FROM artikel
>   WHERE artikelnummer IN ("1","26")

weist das System an, die beiden Datensätze mit der jeweiligen Artikelnummer **1** und **26** auf dem Bildschirm auszugeben. Die Ausgabe umfaßt die im Rahmen der SELECT-Bedingung vereinbarten Spalten.

>SELECT artikelnummer,bezeichnung,lagerzone
>   FROM artikel
>   WHERE lagerzone NOT IN ("a")

weist das System an, jeden Datensatz der Tabelle **artikel** auf dem Bildschirm auszugeben. Hierbei werden alle diejenigen Artikel berücksichtigt, die nicht in der Lagerzone **a** eingelagert sind. Die Ausgabe umfaßt die im Rahmen der SELECT-Bedingung vereinbarten Spalten.

D) <Spaltenname> [NOT] LIKE <"Zeichenkette">

Unter Punkt A haben wir den Vergleich mit exakten Werten kennengelernt. Der LIKE-Operator ermöglicht es, einen Vergleich mit einer sog. Maske durchzuführen, die im Rahmen der Zeichenkette zu definieren ist.

Spaltenname steht für den Namen der Spalte, dessen Werte im Rahmen des ausgelösten Suchvorgangs verglichen werden.

LIKE "Zeichenkette" definiert mit der **Zeichenkette** eine Maske - bestehend aus einer Reihe von Zeichen -, die das System mit den einzelnen Werten der vereinbarten Spalte vergleicht. In diesem Zusammenhang sind die beiden Jokerzeichen
  % für ein oder eine Folge von Zeichen und
  - für einzelne Zeichen verwendbar. Zu beachten ist noch, daß die Zeichenkette immer in Anführungszeichen stehen muß.

Beispiel:

>SELECT artikelnummer,bezeichnung
>   FROM artikel
>   WHERE bezeichnung LIKE "S%"

listet auf dem Bildschirm sämtliche Artikel der Tabelle **artikel** an, deren Spalte **bezeichnung** als ersten Buchstaben ein **S** aufweist. Die Ausgabe umfaßt die im Rahmen der SELECT-Bedingung vereinbarten Spalten.

E) <Spaltenname> [NOT] MATCHES <"Zeichenkette">

Diese Form des Vergleichs entspricht soweit der unter D beschriebenen. Allerdings lassen sich unter MATCHES lediglich alphanumerische Werte (vom Typ CHAR) in den Vergleich einbeziehen. Im Gegensatz zum LIKE-Operator kann man unter MATCHES alphanumerische Bereiche definieren (siehe "Zeichenkette" unten).

Spaltenname steht für den Namen der Spalte, deren Werte das System mit einer vereinbarten Zeichenkette vergleichen soll.

MATCHES "Zeichenkette" definiert mit der **Zeichenkette** eine Maske, die das System mit den jeweiligen Werten der angegebenen Spalte vergleichen soll. Eine Zeichenkette ist stets mit Anführungszeichen einzugrenzen und kann folgende **Jokerzeichen** beinhalten:
* * steht für ein oder mehrere Zeichen;
* ? steht für ein Zeichen;
* [..] steht für eines der in der eckigen Klammer stehenden Zeichen. Es läßt sich auch ein alphanumerischer Bereich vereinbaren. So bedeutet z.B. **[h-k]**, daß an der entsprechenden Position der Zeichenkette der Wert ein **h, i, j** oder **k** sein muß. Setzt der Anwender in der Klammer an der ersten Stelle das Zeichen ^, wie z.B. [^th], so bedeutet dies, daß an dieser Stelle der Zeichenkette irgendein Zeichen verlangt wird, nur nicht das **t** oder das **h**.

Beispiele:

    SELECT artikelnummer,bezeichnung
        FROM artikel
        WHERE bezeichnung MATCHES "[a-m]*"

listet auf dem Bildschirm sämtliche Artikel der Tabelle **artikel** an, die in der Spalte **bezeichnung** als ersten Buchstaben ein **a,b,...,l** oder **m** aufweisen. Die Ausgabe umfaßt die im Rahmen der SELECT-Bedingung vereinbarten Spalten.

SELECT artikelnummer,bezeichnung
   FROM artikel
   WHERE bezeichnung MATCHES "[^ml]*"

listet auf dem Bildschirm sämtliche Artikel der Tabelle **artikel** an, die in der Spalte **bezeichnung** als ersten Buchstaben kein m oder l aufweisen. Die Ausgabe umfaßt die im Rahmen der SELECT-Bedingung vereinbarten Spalten.

F) <Spaltenname> IS [NOT] NULL

Spaltenname	steht für den Namen der Spalte, deren Werte das System in den Vergleich einbeziehen soll.
IS NULL	stellt fest, ob die vereinbarte Spalte einen Wert aufweist oder nicht.

Beispiel:

SELECT artikelnummer,bezeichnung
   FROM artikel
   WHERE bezeichnung IS NOT NULL

listet sämtliche Datensätze der Datei **artikel** auf dem Bildschirm an, deren Feld **bezeichnung** einen Wert aufweist. Die Ausgabe umfaßt die im Rahmen der SELECT-Bedingung vereinbarten Spalten.

10.4.3.2 Der Vereinbarungstyp Verknüpfung

SELECT-Bedingung FROM <TabelleA>,<TabelleB> WHERE <Bedingung>

SELECT-Bedingung	weist das System an, welche Spalten es beim Suchvorgang zu berücksichtigen hat.
TabelleA,TabelleB	stehen stellvertretend für die Namen zweier Tabellen, die das System im Rahmen einer Verknüpfung zu berücksichtigen hat.
Bedingung	entspricht einer Vergleichsvereinbarung, die auf Spalten von mind. zwei Tabellen zurückgreift. Man spricht von einer Mehrfachverknüpfung, wenn Spalten von drei oder mehr Tabellen angesprochen werden. Sämtliche an dieser Stelle berücksichtigten Spalten sind in der SELECT-Bedingung anzugeben. Ebenso ist darauf zu achten, daß die

FROM-Bedingung alle Tabellen aufweist, auf die sich die Spaltenangaben beziehen. Kommt es vor, daß zwei oder mehrere Tabellen über Spalten mit gleichem Namen verfügen, so ist dem Spaltennamen der Tabellenname und ein Punkt nach dem Muster **artikel.artikelnummer** voranzustellen.

Beispiel:

> **SELECT artikel.artikelnummer,bezeichnung,name**
> **FROM artikel,positionen,kunden,grunddaten**
> **WHERE artikel.artikelnummer=positionen.artikelnummer**
> **AND**
> **grunddaten.kundennummer=kunden.kundennummer**

weist das System an, Datenmaterial aus den vier Tabellen **artikel, positionen, kunden** und **grunddaten** zusammenzustellen. Die Ausgabe umfaßt zum einen die im Rahmen der SELECT-Bedingung vereinbarten Spalten und zum anderen die Datensätze, die die WHERE-Bedingung erfüllen.

10.4.3.3 Der Vereinbarungstyp Unterabfragen

Unter SQL liegt eine Unterabfrage dann vor, wenn innerhalb einer Abfrage eine weitere Abfrage formuliert wird, also innerhalb einer SELECT-Anweisung eine weitere SELECT-Anweisung besteht.

A) <Bezeichnung> <Vergleichsoperator> {ALL|[ANY|SOME]}
    (SELECT-Anweisung)

Bezeichnung	steht für den in den Vergleich einzubeziehenden Ausdruck.
Vergleichsoperator	steht für einen der genannten Vergleichsoperatoren.
SELECT-Anweisung	ist in einer WHERE-Bedingung eine sog. Unterabfrage. Zu beachten ist, daß die Auswahlliste einer untergeordneten Abfrage lediglich einen Ausdruck oder eine Spalte aufweisen darf. Das Ergebnis der Unterabfrage wird mit dem links neben dem Vergleichsoperator stehenden Ausdruck verglichen.
ALL	Der Einsatz einer Unterabfrage kann zu der Selektion eines oder mehrerer Werte führen, der/die mit dem links vom Vergleichsoperator stehenden Ausdruck verglichen wird/ werden. ALL vereinbart nun, daß die WHERE-Bedingung

	erst dann erfüllt ist, wenn der Vergleich eines jeden selektierten Wertes mit dem Ausdruck erfolgreich war.
ANY	entspricht dem Schlüsselwort ALL. Nur muß bei ANY nicht jeder einzelne Vergleich des Ausdrucks mit den selektierten Werten erfolgreich sein, um die WHERE-Bedingung zu erfüllen, sondern dazu reicht bereits der Erfolg eines einzigen Vergleichs aus.
SOME	entspricht dem Schlüsselwort ANY.

Beispiel:

```
SELECT artikel.artikelnummer,bezeichnung,
       listenpreis,einkaufspreis
       FROM artikel
       WHERE artikel.artikelnummer=ANY
       (SELECT positionen.artikelnummer
               FROM positionen
        WHERE auftragsnummer="1")
```

weist das System an, alle Datensätze der Tabelle **artikel** auf dem Bildschirm anzuzeigen, die die WHERE-Bedingung erfüllen, d.h., deren **artikel.artikelnummer** mit einem der durch die Unterabfrage selektierten Werte übereinstimmt. Die Ausgabe umfaßt die im Rahmen der SELECT-Bedingung vereinbarten Spalten.

B) <Bezeichnung> [NOT] IN (SELECT-Anweisung)

Bezeichnung	steht für den in den Vergleich einzubeziehenden Ausdruck.
SELECT-Anweisung	s.o.
IN	überprüft, ob der vereinbarte Ausdruck einem der mit der SELECT-Anweisung ermittelten Werte entspricht.

Beispiel:

```
SELECT artikel.artikelnummer,bezeichnung,
       listenpreis,einkaufspreis
       FROM artikel
       WHERE artikel.artikelnummer IN
       (SELECT positionen.artikelnummer
               FROM positionen
               WHERE auftragsnummer="1")
```

weist das System an, alle Datensätze der Tabelle **artikel** auf dem Bildschirm anzuzeigen, die die WHERE-Bedingung erfüllen, d.h., deren **artikel.artikelnummer** mit einem der durch die Unterabfrage selektierten Werte übereinstimmt. Die Ausgabe umfaßt die im Rahmen der SELECT-Bedingung vereinbarten Spalten.

C) [NOT] EXISTS (SELECT-Anweisung)

SELECT-Anweisung	s.o.
EXISTS	überprüft, ob die Unterabfrage zu einem Resultat führt.

Beispiel:

```
SELECT artikel.artikelnummer,bezeichnung,bestand,menge
   FROM artikel,positionen
   WHERE EXISTS (SELECT *
         FROM positionen)
   AND artikel.artikelnummer=positionen.artikelnummer
```

weist das System an, sofern mindestens ein Auftragseingang vorliegt, auf dem Bildschirm neben der **artikelnummer** und der **bezeichnung** der bestellten Artikel, den **bestand** und die **menge** anzuzeigen.

10.4.4 Die GROUP BY-Bedingung

GROUP BY veranlaßt das System, alle Zeilen einer Tabelle, die in der mit "Gruppenliste" vereinbarten Spalte den gleichen Wert aufweisen, in einer Zeile zusammenzufassen. Sämtliche in der GROUP BY-Bedingung angegebenen Spaltennamen, müssen auch in der Auswahlliste der SELECT-Bedingung stehen. Es sei denn, es handelt sich um die mathematischen Funktionen COUNT, SUM, AVG, MAX und MIN, die man lediglich in der SELECT-Bedingung anzuführen braucht. Im Rahmen der HAVING-Bedingung kommen wir auf die mathematischen Funktionen noch ausführlich zurück.

GROUP BY <Gruppenliste>

Gruppenliste	umfaßt einen oder mehrere Spaltennamen sowie wahlweise angebbare mathematische Funktionen. Mehrere Angaben sind durch ein Komma voneinander zu trennen.

ANWENDUNG:

   SELECT lagerzone,COUNT(*),SUM(listenpreis),
         MAX(listenpreis),MIN(listenpreis)
      FROM artikel
      GROUP BY lagerzone

führt auf dem Bildschirm zu der nachfolgend abgebildeten Ausgabe (Die Datenwerte der Ausgabe entsprechen den im Rahmen unserer praktischen Anwendung erfaßten.):

```
RDSQL:  New Run Modify Use-editor Output Choose Save Info Drop Exit
Run the current RDSQL statements.
------------------- LAGER ----------------- Press CTRL-W for Help --------
lagerzone   (count(*))        (sum)       (max)       (min)
a                2           $211.95     $199.00     $12.95
c                2            $61.08      $52.78      $8.30
d                1           $139.98     $139.98    $139.98
e                1            $78.95      $78.95     $78.95
```

10.4.5 Die HAVING-Bedingung

Nachdem das System mit GROUP BY die Resultate einer FROM-Bedingung in Gruppen zusammengefaßt hat, bietet HAVING mit den nachstehend angelisteten Funktionen dem Anwender die Möglichkeit, den einzelnen Gruppen bestimmte Bedingungen aufzuerlegen.

HAVING <Bedingung>

Bedingung steht stellvertretend für eine oder mehrere mathematische Funktionen.

Die HAVING-Bedingung ähnelt sehr stark der WHERE-Bedingung. Allerdings kann der Anwender im Rahmen der Bedingungs-Angabe eine oder mehrere Funktionen vereinbaren, und zwar

- die **COUNT**-Funktion, mit der man die Anzahl der Werte einer Spalte oder die Anzahl der Datensätze, die einer **FROM**- bzw. **WHERE**-Bedingung entsprechen, errechnet,
- die **MIN**-Funktion, mit der man den kleinsten Wert einer Spalte bestimmt,
- die **MAX**-Funktion, mit der man den größten Wert einer Spalte bestimmt,
- die **SUM**-Funktion, mit der man die Summe der Werte einer numerischen Spalte errechnet (Benutzt man im Rahmen dieser Funktion nach dem Muster **SUM(DISTINCT <Spaltenname>)** das Schlüsselwort **DISTINCT**, so berücksichtigt das System bei der Summenbildung nur unterschiedliche Werte.) und
- die **AVG**-Funktion, mit der man das arithmetische Mittel der Werte einer numerischen Spalte errechnet. (Ebenso wie bei der SUM-Funktion ist es auch bei dieser Funktion möglich, mit der DISTINCT-Angabe das System zu veranlassen, bei der Ermittlung des Mittels nur auf unterschiedliche Werte zurückzugreifen.)

ANWENDUNG:

```
SELECT lagerzone,COUNT(*),SUM(listenpreis),
       MAX(listenpreis),MIN(listenpreis)
FROM artikel
GROUP BY lagerzone
HAVING COUNT(*)>1
```

entspricht soweit dem Beispiel unter GROUP BY. Nur berücksichtigt das System bei der Bildschirmausgabe lediglich diejenigen Zeilen, in denen mindestens 2 Datensätze (>1) zusammengefaßt wurden. Konkret bedeutet dies, nur die ersten beiden Zeilen, die sich auf die Lagerzonen "a" und "c" beziehen, werden ausgegeben.

10.4.6 Die ORDER BY-Bedingung

Mit ORDER BY lassen sich Suchresultate bis zu einer "Tiefe" von acht Spalten sortieren.

ORDER BY <Spaltenname> [ASC|DESC][,....]

Spaltenname	steht für den/die Name/n der Spalte/n, nach der/denen das Suchergebnis zu sortieren ist.
ASC	ist die Standard-Einstellung und stellt sicher, daß das System die Ergebnisse in aufsteigender Form sortiert.
DESC	stellt sicher, daß das System die Ergebnisse absteigend sortiert.

Das Sortierprogramm berücksichtigt nur die Spalten, die neben der Angabe unter **Spaltenname** auch in der Auswahlliste der SELECT-Bedingung stehen. Als Alternative kann der Anwender unter **Spaltenname** auch Ganzzahlen (1,2,3,...) angeben. Mit der Ganzzahl vereinbart man die Position eines Spaltennamens in der Auswahlliste.

ANWENDUNG:

    SELECT name,vorname
        FROM kunden
        ORDER BY name

weist das System an, sämtliche Datensätze der Tabelle **kunden**, alphabetisch nach den Namen sortiert, auf dem Bildschirm auszugeben. Die Ausgabe umfaßt die in der SELECT-Bedingung vereinbarten Spalten.

10.4.7 Die INTO TEMP-Bedingung

Mit INTO TEMP kann der Anwender eine temporäre Tabelle erzeugen und dieser die Suchresultate zuweisen. Die Spalten einer solchen Tabelle entsprechen der Auswahlliste der SELECT-Bedingung. Eine temporär angelegte Tabelle kann man zum einen durch Erteilen der DROP TABLE-Anweisung wieder löschen oder zum anderen ganz einfach dadurch, daß man die INFORMIX-SQL-Anwendung verläßt und zum Betriebssystem zurückkehrt. Beides führt zu einer Wiederfreigabe von Arbeitsspeicherraum, da ja - wie bereits bekannt - temporäre Tabellen im Arbeitsspeicher angelegt werden.

INTO TEMP <Tabellenname>

Tabellenname   steht für den RDSQL-Namen der anzulegenden temporären Tabelle.

ANWENDUNG :

    SELECT artikelnummer,bezeichnung,lagerort
        FROM artikel
        INTO TEMP artikel1

weist das System an, eine temporäre Tabelle namens **artikel1** zu erzeugen. Dabei kopiert das System das gesamte Datenmaterial der in der SELECT-Bedingung vereinbarten Spalten der Tabelle **artikel** in die temporäre Tabelle.

10.5 Der UNION-Operator und die Datumsfunktionen

10.5.1 Der UNION-Operator

Mit dem Schlüsselwort UNION besteht für den Anwender die Möglichkeit, zwei oder mehrere SELECT-Anweisungen so miteinander zu verknüpfen, daß sich hieraus eine einzige Tabellen-Befragung ergibt. Das folgende Beispiel verdeutlicht diesen Sachverhalt:

SELECT artikelnummer,bezeichnung,listenpreis
 FROM artikel
 WHERE bestand>10

UNION

SELECT artikelnummer,bezeichnung,listenpreis
 FROM artikel
 WHERE bestand<5

Beim Einsatz dieses Operators sind allerdings einige Einschränkungen zu beachten und zwar:

1. Die Anzahl der in der Auswahlliste vereinbarten Spalten muß bei jeder SELECT-Anweisung gleich sein. Ferner ist sicherzustellen, daß der Datentyp der einzelnen Elemente übereinstimmt, wobei der Name einer Spalte bzw. der Bezeichner von SELECT-Anweisung zu SELECT-Anweisung ein anderer sein darf.

2. Verwendet der Bediener eine ORDER BY-Bedingung, so ist diese der letzten SELECT-Anweisung anzupassen. Bei der Vereinbarung der Spalte, nach deren Werten sortiert werden soll, ist nicht der Spaltenname anzugeben, sondern eine Ganzzahl, die der Position des Spaltennamens entspricht.

3. Ein UNION-Operator darf weder bei der Definition eines VIEWS verwendet werden, noch im Rahmen einer Unterabfrage.

4. Ist das Ergebnis einer Verknüpfung von SELECT-Anweisungen in eine temporäre Tabelle einzustellen, so muß die letzte Anweisung eine entsprechende INTO TEMP-Bedingung aufweisen.

10.5.2 Die Datumsfunktionen

Unter SQL stehen dem Anwender folgende Datumsfunktionen zur Verfügung:

DATE, DAY, MDY, MONTH, WEEKDAY und YEAR

A) Die Funktion **DATE**

Mit der DATE-Funktion lassen sich bestimmte Ausdrücke, wie z.B. "01.01.1988", in ein Datumsformat umsetzen.

DATE(<Bezeichnung>)

Bezeichnung   steht für den Ausdruck, der in das Datumsformat gesetzt werden soll. Wird als Bezeichnung keine Zeichenkette, sondern ein numerischer Wert, wie z.B. 400, angegeben, so errechnet das System hieraus das Tagesdatum des 400ten Tages nach dem 31. Dezember 1899.

Beispiel:

    SELECT *
        FROM grunddaten
        WHERE datum>DATE("01.01.1988")

fordert das System dazu auf, sämtliche Datensätze der Tabelle **grunddaten** auf dem Bildschirm auszugeben, die ein **datum** aufweisen, daß "jünger" ist als der **01.01.1988**.

B) Die Funktion **DAY**

DAY filtert aus den Werten einer Tabellenspalte vom Typ DATE den Tag des Monats heraus.

DAY(<Spaltenname>)

Spaltenname   steht für den Namen der Tabellenspalte, die man als DATE-Typ angelegt hat. Vereinbart man anstatt eines Spaltennamens einen numerischen Wert, wie z.B. 400, so errechnet das System zunächst das Tagesdatum des 400ten Tages nach dem 31. Dezember 1899 und filtert anschließend den Tag des Monats heraus.

Beispiel:

SELECT positionen.auftragsnummer, kundennummer, menge, DAY(datum)
   FROM grunddaten, positionen

gibt auf dem Bildschirm den kompletten Inhalt der Spalten **auftragsnummer, kundennummer** und **menge** der Dateien **grunddaten** und **positionen** aus. In einer separaten Spalte wird jeder Ausgabezeile der Tag des Monats, an dem der Auftrag einging, hinzugefügt.

C) Die Funktion **MONTH**

MONTH filtert aus den Werten einer Tabellenspalte vom Typ DATE die Monatsangabe heraus.

MONTH(<Spaltenname>)

Spaltenname   steht für den Namen einer Tabellenspalte, die man als DATE-Typ angelegt hat. Vereinbart man anstatt eines Spaltennamens einen numerischen Wert, wie z.B. 400, so errechnet das System zunächst das Tagesdatum des 400ten Tages nach dem 31. Dezember 1899 und filtert anschließend die Monatsangabe heraus.

Beispiel:

SELECT positionen.auftragsnummer, menge, MONTH(datum)
       FROM grunddaten, positionen

gibt auf dem Bildschirm den kompletten Inhalt der Spalten **auftragsnummer** und **menge** der Dateien **grunddaten** und **positionen** aus. In einer separaten Spalte wird jeder Ausgabezeile der Monat, in dem der Auftrag einging, hinzugefügt.

D) Die Funktion WEEKDAY

WEEKDAY filtert aus den Werten einer Tabellenspalte vom Typ DATE den Wochentag heraus.

WEEKDAY(<Spaltenname>)

Spaltenname steht für den Namen einer Tabellenspalte, die man als DATE-Typ angelegt hat. Vereinbart man anstatt eines Spaltennamens einen numerischen Wert, wie z.B. 400, so errechnet das System zunächst das Tagesdatum des 400ten Tages nach dem 31. Dezember 1899 und bestimmt hieraus den entsprechenden Wochentag. Für jeden Wochentag läßt sich mit WEEKDAY eine Ganzahl aus dem Bereich von 0 bis 6 bestimmen, die die Wochentage von Sonntag (=0) bis Samstag (=6) entspricht.

Beispiel:

    SELECT positionen.auftragsnummer, menge, WEEKDAY(datum)
       FROM grunddaten, positionen

gibt auf dem Bildschirm den kompletten Inhalt der Spalten **auftragsnummer** und **menge** der Dateien **grunddaten** und **positionen** aus. In einer separaten Spalte wird jeder Ausgabezeile anhand einer Ganzzahl der Wochentag, an dem der Auftrag einging, hinzugefügt.

E) Die Funktion YEAR

YEAR filtert aus den Werten einer Tabellenspalte vom Typ DATE die Jahresangabe heraus.

YEAR(<Spaltenname>)

Spaltenname steht für den Namen einer Tabellenspalte, die man als DATE-Typ angelegt hat. Vereinbart man anstatt eines Spaltennamens einen numerischen Wert, wie z.B. 400, so errechnet das System zunächst das Tagesdatum des 400ten Tages nach dem 31. Dezember 1899 und filtert anschließend die Jahresangabe heraus.

Beispiel:

    SELECT positionen.auftragsnummer, menge, YEAR(datum)
        FROM grunddaten, positionen

gibt auf dem Bildschirm den kompletten Inhalt der Spalten **auftragsnummer** und **menge** der Dateien **grunddaten** und **positionen** aus. In einer separaten Spalte wird jeder Ausgabezeile das Jahr, in dem der Auftrag einging, hinzugefügt.

F) Die Funktion **MDY**

MDY steht für Month, Day und Year und ermöglicht es, Tag, Monat und Jahr im Rahmen einer Funktion anzusprechen.

MDY(<Bezeichnung1,Bezeichnung2,Bezeichnung3>)

Bezeichnung1	steht stellvertretend für eine Ganzzahl (1- 12) und entspricht dem Monat des Jahres.
Bezeichnung2	steht stellvertretend für eine Ganzzahl und entspricht dem Tag des Monats. Dem Monat entsprechend handelt es sich hierbei um eine Zahl zwischen 1 und 28,29,30 oder 31.
Bezeichnung3	steht stellvertretend für eine vierstellige Ganzzahl, die dem Jahr entspricht.

Beispiel:

    SELECT positionen.auftragsnummer, artikelnummer, name
        FROM grunddaten, positionen, kunden
        WHERE grunddaten.datum=MDY(MONTH(datum), 18, YEAR(datum)
        AND grunddaten.kundennummer=kunden.kundennummer

weist das System an, alle diejenigen Auftragseingänge anzulisten, die jeweils am 18ten eines Monats erteilt wurden. Die Ausgabe umfaßt die in der SELECT-Bedingung angegebenen Spalten.

Anhang A : Voreinstellungen und Umgebungsvariablen

A.1 Betriebssystem MS-DOS

Einstellungen innerhalb der Batch-Datei AUTOEXEC.BAT

```
echo off
keybgr
break = on
set INFORMIXDIR=c:\informix
set DBPATH=c:\informix\bin
set DBEDIT=c:\system\edit.exe
set DBMONEY=.
set DBDATE=DMY4
```

Bedeutung :

set INFORMIXDIR=c:\informix	gibt an, in welchem Katalog INFORMIX-SQL installiert ist.
set DBPATH=c:\informix\bin	gibt das Verzeichnis an, das die ausführbaren Programme von INFORMIX-SQL enthält.
set DBEDIT=c:\system\edit.exe	definiert den System-Editor EDIT.EXE, der verwendet wird, wenn SQL-Befehlsdateien, Masken oder Listen bearbeitet werden. Man kann auch andere Editoren verwenden; allerdings ist darauf zu achten, daß ein Editor nicht zuviel Hauptspeicherplatz belegt.
set DBMONEY=.	setzt für Geldbeträge zur Trennung von Vor- und Nachkommastellen den Dezimalpunkt.
set DBDATE=DMY4	setzt das deutsche Datums-Format.

Einstellungen innerhalb der Systemdatei CONFIG.SYS

FILES=60	vereinbart die Anzahl der Dateien, die gleichzeitig geöffnet sein dürfen, auf 60.
BUFFERS=30	bestimmt die Größe des Pufferspeichers.

A.2 Betriebssystem UNIX

Einstellungen innerhalb der Datei .profile (Bourne-Shell)

INFORMIXDIR=/usr/informix	gibt an, in welchem Katalog INFORMIX-SQL installiert wurde.
TERMCAP=/usr/informix/etc/termcap	setzt den Suchpfad für den Bildschirm-Code.
PATH= .... :/usr/informix/bin	gibt zusätzlich das Verzeichnis an, das die ausführbaren Programme von INFORMIX-SQL enthält.
export INFORMIXDIR TERM TERMCAP PATH	startet die Umgebungsvariablen.

Einstellungen innerhalb der Datei .login (C-Shell)

setenv INFORMIXDIR /usr/informix	gibt an, in welchem Katalog INFORMIX-SQL installiert ist.
setenv TERMCAP /usr/informix/etc/termcap	setzt den Suchpfad für den Bildschirm-Code.
setenv PATH ... :/usr/informix/bin	gibt zusätzlich das Verzeichnis an, das die ausführbaren Programme von INFORMIX-SQL enthält.

Anhang B : Kenndaten von INFORMIX-SQL

Kenndaten zu den Datenbanken :

- beliebig viele Datenbanken
- beliebig viele Dateien je Datenbank
- beliebig viele Datensätze je Datei
- maximale Satzlänge 32 KByte
- jede Tabellenspalte ist indizierbar
- maximale Größe eines Indexfeldes 120 Byte
- unterschiedliche Feldtypen

Kenndaten zu dem Maskengenerator :

- bis zu 13 Dateien pro Bildschirmmaske
- verschiedene Bildschirmattribute
- feldübergreifende Plausibilitäten
- steuerbare Feldsprünge
- Grundrechenoperationen

Kenndaten zum Listengenerator :

- bis zu 14 Dateien je Liste
- geschachteltes Sortieren bis zu 8 Feldern
- Standard-Seitenformat (Rand links, rechts, oben und unten)
- umfangreiche Formatsteuerung
- Grundrechenoperationen, Grundfunktionen und Systemvariablen (z.B. Uhrzeit, Seitennummer und Seitenposition)

Kenndaten zu der Menü-Oberfläche :

- Menüsystem zum Entwickeln von Programmen
- Menüsystem zur Anwendung von Programmpaketen

Anhang C : Aufruf der Programme vom Betriebssystem

Beim Zugriff auf Programme über das INFORMIX-Menüsystem wird sehr viel Hauptspeicherplatz beansprucht. Entwickelte Programme, die sich deshalb auf der Ebene des Menüsystems nicht übersetzen lassen, kann man auf der Ebene des Betriebssystems übersetzen und anschließend starten.

C.1 Übersetzen einer Eingabemaske

Hat man eine anwenderspezifische Bildschirmmaske mit Hilfe eines Editors erstellt, läßt sie sich mit dem folgenden Befehl übersetzen:

    SFORMBLD [-S] [-V] {<dateiname> I -D}

SFORMBLD	ruft das Programm SFORMBLD.EXE auf, das im Verzeichnis \INFORMIX steht.
-S	unterdrückt alle nicht notwendigen Meldungen (S = silent).
-V	überprüft, ob die Feldlänge im screen-Abschnitt mit denen der entsprechenden Tabelle übereinstimmt. Wird keine Konsistenz festgestellt, erscheint eine Fehlermeldung.
dateiname	repräsentiert den Namen der Datei, in der die anwenderspezifischen Daten stehen.
-D	erstellt eine Standardmaske, wenn kein Dateiname vereinbart wird. Das System erfragt alle notwendigen Daten (Name der Maske, Name der zu verwendenden Datenbank und die Namen der einzubeziehenden Tabellen).

C.2 Starten einer Eingabemaske

Eine Bildschirmmaske kann vom Betriebssystem aus mit dem Befehl

SPERFORM <dateiname>

aufgerufen werden. Der Dateityp **.frm** darf nicht mit angegeben werden. Das System zeigt die gewählte Maske zusammen mit dem **Perform**-Untermenü am Bildschirm an. Mit der Option **Exit** gelangt man zurück zum Betriebssystem.

C.3 Übersetzen einer Ausgabemaske

Hat man eine anwenderspezifische Ausgabemaske mit Hilfe eines Editors erstellt, läßt sie sich mit dem folgenden Befehl übersetzen:

SACEPREP [-S] [-O <katalog>] <dateiname>

SACEPREP	ruft das Programm SACEPREP.EXE auf, das im Verzeichnis \INFORMIX steht.
-S	es werden nur die notwendigen Meldungen angezeigt (S=silent).
-O katalog	legt die übersetzte oder fehlerhafte Listenspezifikationsdatei in dem angegebenen Unterdirectory ab.
dateiname	repräsentiert den Namen der Datei, in der die anwenderspezifischen Daten stehen.

C.4 Starten einer Ausgabemaske

Eine Ausgabemaske kann man auf der Ebene des Betriebssystems mit dem Befehl

SACEGO [-S] <dateiname>

aufrufen. Dabei wird der Namen der bereits übersetzten Listenspezifikationsdatei angegeben. Zu beachten ist, daß man den Dateityp **.ace** nicht anhängen darf.

C.5 Starten einer Menüoberfläche

Auf der Ebene des Betriebssystems kann man die individuelle Menüoberfläche mit folgender Befehlsfolge interaktiv aufrufen:

    ISQL [-S] [<datenbankname>] -U [{R | M}] [<anwendermenüname>]

-S	stellt sicher, daß das System unbedeutende Meldungen "unterdrückt" und somit nicht am Bildschirm anzeigt.
datenbankname	repräsentiert den Namen der Datenbank, der das Anwendermenü zugewiesen wurde. Die Datenbank muß im aktuellen Verzeichnis stehen oder im Rahmen der Umgebungsvariablen DBPATH berücksichtigt sein.
-U	aktiviert die Option **User-menu** des Hauptmenüs von INFORMIX-SQL.
R | M	repräsentieren die Anfangsbuchstaben der Optionen (R)un und (M)odify des **User-menu** und aktivieren die entsprechende Option.
anwendermenüname	repräsentiert eine Oberfläche des Anwendermenüs und ruft diese auf den Bildschirm. Wird kein Name vereinbart, aktiviert das System das Hauptmenü (=main) der individuellen Oberfläche (=Standardeinstellung).

Verläßt man das Anwendermenü (=e), so kehrt das System zurück auf die Ebene des Betriebsystems.

Beispiel :

ISQL -S lager -U drucken

startet das Untermenü **drucken** der individuellen Menüoberfläche der Datenbank **lager**. Alle unbedeutenden Meldungen werden nicht angezeigt (=**-S**).

Anhang D : Systemtabellen

Die Systemtabellen verwalten Tabellen, Spalten, Indizes, Views, Synonyme und Zugriffsberechtigungen für alle Tabellen einer Datenbank.

Dateien: Funktion:

syscolau.dat und syscolau.idx   verwalten alle Zugriffsberechtigungen zu den einzelnen Spalten der Tabellen.

syscolum.dat und syscolum.idx   beschreiben die einzelnen Spalten der Tabellen.

sysdepen.dat und sysdepen.idx   zeigen zwischen Tabellen und VIEWS bestehende Verbindungen auf.

sysindex.dat und sysindex.idx   beschreiben alle bestehenden Indizes.

syssynon.dat und syssynom.idx   verwalten bestehende Synonyme, die man für bestimmte Tabellen definiert hat.

systabau.dat und systabau.idx   beschreiben die Zugriffsberechtigungen zu den Tabellen der Datenbank.

systable.dat und systable.idx   beschreiben die einzelnen Tabellen der aktuellen Datenbank.

sysusers.dat und sysusers.idx   verwalten die Zugriffsberechtigungen, die man für die aktuelle Datenbank vergeben hat.

sysviews.dat und sysviews.idx   verwalten VIEWS, die in der aktuelle Datenbank bestehen.

Anhang E : Weitere Attribute bei der Eingabemaske

Im Kapitel 5.2.4 (Abschnitt attributes) haben wir die wichtigsten Attribute kennengelernt. In diesem Anhang sind nun die weiteren möglichen Attribute aufgeführt. Die Beispiele wurden zum Teil aus den Eingabemasken für die Erfassung der Kunden- und Artikelstammdaten sowie der Auftragseingänge genommen.

AUTONEXT   der Cursor wird automatisch auf das nächste Eingabefeld gesetzt, wenn das aktuelle gefüllt ist.

DOWNSHIFT   wandelt die eingegebenen Zeichen in Kleinschrift um.

FORMAT   vereinbart das Anzeigeformat eines Eingabefeldes unter Verwendung des Doppelkreuzes (steht für eine Ziffer) und des Dezimalpunktes. FORMAT läßt sich nur bei Daten vom Typ DECIMAL, SMALLFLOAT, FLOAT oder DATE anwenden, wobei für DATE anstelle des Doppelkreuzes die folgenden Symbole zu verwenden sind :

dd	Tag als Zahl
ddd	Tag als Buchstabenkürzel (z.B. Mon)
mm	Monat als Zahl
mmm	Monat als Buchstabenkürzel (z.B. Feb)
yy bzw. yyyy	Jahr als zwei- bzw. vierstellige Zahl

Ist die eingegebene Zahl kleiner als das vereinbarte Format, so kommt es zu einer rechtsbündigen Ausgabe. Sind Eingabewerte größer als das vereinbarte Format, werden sie zwar angezeigt, doch gibt das System zusätzlich eine entsprechende Warnung aus.
Beispiel:

```
b003 = grunddaten.datum,
       DEFAULT=TODAY, FORMAT="dd.mm.jjjj";
```

LOOKUP	verknüpft zwei Tabellen und ermöglicht es, sich während der Dateneingabe bzw. des Datenabrufs Daten einer anderen Tabelle in der aktuellen Maske anzeigen zu lassen. Dadurch kann man falschen Eingaben entgegenwirken, wie z.B. der Eingabe der Kundennummer eines Kunden, die im Rahmen der Auftragserfassung noch gar nicht existiert. Das in dem folgenden Beispiel verwendete Schlüsselwort JOINING, gefolgt von dem Stern "*", bewirkt das Zurückweisen der eingegebenen Kundennummer durch das System bei einem noch nicht erfaßten Kunden. Beispiel:

```
b002 = grunddaten.kundennummer,
       LOOKUP z1 = kunden.name
              z2 = kunden.ort
       JOINING * kunden.kundennummer;
```

NOENTRY	vereinbart, daß bei der Verwendung der Funktion **Add** keine Daten in das Feld eingegeben werden können. Arbeitet man dagegen mit der Funktion **Update**, so ist die Dateneingabe möglich. NOENTRY ist die Voreinstellung beim Datentyp SERIAL. Beispiel:

```
b001 = * grunddaten.auftragsnummer=position.auftragsnummer,
       NOENTRY;
```

NOUPDATE	vereinbart, daß man die Daten eines Feldes mit der Funktion **Update** nicht verändern kann. Arbeitet man dagegen mit der Funktion **Add**, so ist die Dateneingabe möglich. Beispiel:

```
a001 = artikelnummer,
       NOUPDATE;
```

PICTURE	bestimmt unter Verwendung folgender Symbole für ein Feld vom Typ CHAR die Formatmaske Symbol A steht für einen Buchstaben Symbol # steht für eine Ziffer Symbol X steht für ein beliebiges Zeichen Beispiel:

```
k008=kunden.telefon, PICTURE="#####-############";
```

QUERYCLEAR	realisiert beim Aufruf der Funktion **Query** des Untermenüs **Form** (s. Kapitel 6), daß auch Feldinhalte der Felder am Bildschirm gelöscht werden, die mit einem anderen Feld verknüpft sind (siehe LOOKUP).

Beispiel:

```
a001 = grunddaten.kundennummer,
       LOOKUP z1 = kunden.name
              z2 = kunden.ort
       JOINING * kunden.nummer,
       QUERYCLEAR;
```

RIGHT	richtet die Eingabedaten rechtsbündig aus. Führende Leerzeichen werden mit Blanks aufgefüllt. Diese Blanks sind bei einer späteren Suche zu berücksichtigen (z. B. unter Einsatz von "wildcards").
ZEROFILL	richtet den Inhalt des Eingabefeldes rechtsbündig aus und füllt den eventuell verbleibenden Teil mit Nullen auf.
DISPLAYONLY	bildet einen Sonderfall, der es ermöglicht, in einer Bildschirmmaske auch Felder aufzunehmen, die in keiner Datenbanktabelle berücksichtigt werden.

DISPLAYONLY [ALLOWING INPUT] TYPE <datentyp>
            [NOT NULL] [,<attributsliste]

ALLOWING INPUT	erlaubt die Dateneingabe in das Feld.
datentyp	vereinbart den gewünschten Datentyp, wobei alle, bis auf SERIAL, erlaubt sind.
NOT NULL	stellt sicher, daß der Anwender Daten eingeben muß.

Beispiel:

```
z6 = DISPLAYONLY TYPE money;
```

Anhang F : Weitere Anweisungen bei der Ausgabemaske

Im Kapitel 7.2.6 (Abschnitt format) wurden einige Anweisungen, die im Rahmen der Kontrollblöcke verwendet werden können, erläutert. Zur Vollständigkeit führen wir in diesem Anhang die weiteren möglichen Anweisungen auf.

ASCII <num_ausdruck>

gibt in Verbindung mit der PRINT-Anweisung bestimmte Steuerzeichen aus.

Beispiele: **PRINT ASCII 7**

erzeugt einen Ton.

LET breit=ASCII 2, ASCII 6, ASCII 7
PRINT breit

speichert zunächst die Druckersteuerzeichen für Breitschrift in der Variablen **breit** und gibt diese anschließend über die **PRINT**-Anweisung aus.

DATE(<num_ausdruck>)

berechnet aus einem numerischen Ausdruck ein Datum, wobei der 01.01.1900 die Basis bildet. In Abhängigkeit von der Umgebungsvariablen DBDATE stellt das System das Datum in der Form Tag/Monat/Jahr dar.

Beispiel: **PRINT DATE(200)**

liefert das Ergebnis: **19/07/1900**

DAY({<spaltenname> | <num_ausdruck>})

filtert aus einem angegebenen **spaltennamen** des Datentyps DATE den Tag heraus. Bei Angabe eines numerischen Wertes berechnet das System zunächst ein Datum (Basis= 01.01.1900), um hieraus anschließend den Tag zu bestimmen.

Beispiel: **PRINT DAY(seit)**

liefert als Ergebnis den Wert **13**, sofern die Variable **seit** den Inhalt "13/2/1989" aufweist.

FOR <lauf>=<ausdruck1> TO <ausdruck2> [STEP <ausdruck3>]
    DO <anweisungen>

realisiert den Einsatz einzelner oder zusammengesetzter Anweisungen innerhalb einer Schleife. Die Anzahl der Schleifendurchläufe kann man durch numerische Ausdrücke bestimmen.

lauf   ist eine Laufvariable, deren Wert mit jedem Schleifendurchlauf verändert wird. Sie ist im Abschnitt define zu definieren.
ausdruck1   repräsentiert den Anfangswert der Schleife.
ausdruck2   repräsentiert den Endwert der Schleife.
ausdruck3   repräsentiert einen Wert, mit dem man die Schrittweite (STEP) definiert. Sie ist optional und darf nur positiven Vorzeichens sein (z.B. 1,2,3,etc.). Die standardmäßige Voreinstellung ist 1.

Beispiel: **FOR lauf=2 TO 40 STEP 2**
            DO
            BEGIN
                LET quadrat=lauf*lauf
                PRINT quadrat
            END

berechnet das **quadrat** aller geraden Zahlen zwischen einschl. **2** und einschl. **40** und gibt anschließend das jeweilige Ergebnis aus.

LINENO

liefert die Zeilennummer der Seite, die der Listengenerator gerade bearbeitet.

MDY(<num_ausdruck1>,<num_ausdruck2>,<num_ausdruck3>)

überträgt einen Wert, der sich aus drei numerischen Ausdrücken oder Variablen zusammensetzt, in den Datentyp DATE.

num_ausdruck1   steht für den Tag des Monats.
num_ausdruck2   steht für den Monat des Jahres.
num_ausdruck3   steht für das Jahr.

MONTH({<spaltenname> | <num_ausdruck>})

filtert aus einem unter **spaltenname** stehenden Datum den Monat des Jahres heraus. Wählt man einen numerischen Wert, so errechnet das System hieraus zunächst ein Datum (Basis ist der 1.1.1900), um anschließend den Monat zu bestimmen.

Beispiel: **PRINT MONTH (seit)**

filtert aus der Datumsvariablen **seit** die Monatsangabe **2** heraus, sofern die Variable als Inhalt z.B. den 13/2/1989 aufweist.

PAGENO

liefert die Nummer der Seite, die der Listengenerator gerade bearbeitet.

PRINT FILE "<dateiname>"

fügt den Inhalt einer Textdatei in die Liste ein.

TIME

ruft die aktuelle Rechnerzeit ab.

Beispiel: **PRINT TIME**
gibt die aktuelle Rechnerzeit aus, wie z.B. 19:05:45.

WEEKDAY({<spaltenname> | <num_ausdruck>})

filtert aus einem unter **spaltenname** stehenden Datum den Wochentag heraus. Als Ergebnis erhält man für den Sonntag eine 0, für den Montag eine 1, ... und für den Samstag eine 6. Wird ein numerischer Wert vereinbart, so errechnet das System hieraus zunächst ein Datum (Basis ist der 1.1.1900), um anschließend den Wochentag zu bestimmen.

WHILE <num_ausdruck> DO <anweisungen>

realisiert, daß die unter DO vereinbarte/n Anweisung/en solange durchlaufen werden, bis **num_ausdruck** "unwahr" ist.

YEAR({<spaltenname> | <num_ausdruck>})

filtert aus einem unter **spaltenname** stehenden Datum das Jahr heraus. Bei Angabe eines numerischen Wertes wird zunächst das Datum berechnet (Basis ist der 1.1.1900).

Stichwortverzeichnis

A

Abschnitte einer Eingabemaske	45 f.
Abschnitte einer Ausgabemaske	68 f.
Ändern der Tabellenstruktur	39 f.
Ändern einer Ausgabemaske	67 f.
Ändern einer Eingabemaske	47 f., 69 f.
Ändern einer Tabelle	117
Ändern von Daten	65 f.
Ändern von Datensatzfeldern	42 f.
Aktivieren einer Datenbank	23, 123
Aktuelle Liste	61
ALTER TABLE	117
Alternativnamen	120
Alternativnamen löschen	125
Anlegen einer Datenbank	23, 116 f.
Anlegen einer Tabelle	25 f., 120
Anlegen eines Index	119
Anweisung	22
Anwendermenü	101 f.
Arithmetische Operatoren	146
ASCENDING	119
attributes-Abschnitt (Eingabemaske)	50 f.
AUTONEXT	172
COMMENTS	50
DEFAULT	50
DISPLAYONLY	174
DOWNSHIFT	172
INCLUDE	50
FORMAT	172
LOOKUP	173
NOENTRY	173
NOUPDATE	173
PICTURE	173
QUERYCLEAR	174
REQUIRED	51
REVERSE	51

RIGHT	174
UPSHIFT	51
ZEROFILL	174
VERIFY	51
Ausgabemaske	67 f.
Auswählen einer Datenbank	23
AVG	158

B

Baumstruktur	14, 43
Beenden einer Informix-Anwendung	21
Befehl	22
Befehlssyntax	22
Befragen einer Datenbank	111 f.
BEGIN WORK	139
Begriffsdefinitionen	12 f.
Benutzersicht	14
Bereichs-Operatoren	63
Bericht	36
Betriebssysteme	11, 17
Bildschirmmaske	30

C

Char	27
CHECK TABLE	142
CLOSE DATABASE	118
COMMIT WORK	139
COUNT	158
CREATE AUDIT	136
CREATE DATABASE	118
CREATE INDEX	119
CREATE SYNONYM	120
CREATE TABLE	120
CREATE VIEW	122
CTRL-BREAK	21
CTRL-C	21
CTRL-W	19

D

DATABASE	123
database-Abschnitt (Ausgabemaske)	68, 69
database-Abschnitt (Eingabemaske)	45, 47
DATE	161
Datei	12 f.
Daten korrigieren	61 f.
Daten suchen	61 f.
Daten übertragen	128
Datenausgabe	36 f.
Datenbank	12 f.
Datenbank aktivieren	123
Datenbank löschen	123
Datenbank rekonstruieren	141
Datenbank-Berechtigung	132
Datenbankbefragung	111 f.
Datenbankkatalog	24
Datenbankname	23 f.
Datenbankorganisation	14 f.
Datenbanksoftware	12
Datenbanksystem	12 f.
Datenbankverwalter-Berechtigung	132
Datenerfassung	30 f.
Datensatz	15
Datensatzfeld	12 f., 15
Datenselektion	61 f.
Datensätze löschen	128
Datentyp	27 f.
Datumsfunktionen	161 f.
DBA-Berechtigung	132
define-Abschnitt (Ausgabemaske)	68, 69 f.
DELETE	128
DESCENDING	119
DISTINCT	119
DROP AUDIT	137
DROP DATABASE	123
DROP INDEX	124
DROP SYNONYM	125
DROP TABLE	125
DROP VIEW	126
Dups	44

E

ed	114
EDIT	114
Editor	114
EDLIN	114
Eingabe von SQL-Anweisungen	113 f.
Eingabemaske	31, 45 f.
Erfassen von Daten	30 f.
Erstellen einer Datenbank	23, 118
ESC-Taste	35

F

F1 (Funktionstaste)	19
Feldbegrenzer	53
Feldbezeichner	49
Feldlänge	28
Filtern von Datensätzen	61
format-Abschnitt (Ausgabemaske)	68, 73 f.
Formatentwurf	47
Formatzeichen	78 f.
FROM-Bedingung	148
Funktionszeile	19

G

GRANT	131 f.
GROUP BY-Bedingung	156 f.

H

Hardware	17
Hauptmenü	18 f.
HAVING-Bedingung	157 f.
Hierarchische Datenbanken	14
Hilfsanweisungen	141 f.
Hinzufügen von Datensatzfeldern	39 f.

I

Index	28
Index anlegen	119
Index löschen	124
Indexorientierter Zugriff	43
Indextabelle	43
Indexverarbeitung	43 f.
Indizierter Zugriff	43 f.
INFO	144
Informationszeile	19
input-Abschnitt (Ausgabemaske)	68, 71
INSERT	128
Installation	17
instructions-Abschnitt (Eingabemaske)	45, 53
Integrität der Daten	136 f.
INTO TEMP-Bedingung	159
ISQL	18

J

Joker-Operatoren	64

K

Kommando	22
Kontrollblöcke in Eingabemasken (Aktionen)	55 f.
Kontrollblöcke in Ausgabemasken (Anweisungen)	75 f.
ASCII	175
CLIPPED	75
COLUMN	76
DATE	76
DATE()	175
DAY()	175 f.
FOR	176
IF-THEN-ELSE	76
LET	77
LINENO	176
MDY()	176
MONTH()	177

NEED	77
PAGENO	177
PAUSE	77
PRINT	77
PRINT FILE	177
SKIP	77
SKIP TO TOP OF PAGE	78
TIME	177
TODAY	78
USING	78 f.
WEEKDAY()	177
WHILE	177
YEAR()	177
Kontrollblöcke (Aufbau)	53 f.
Kontrollblöcke (Optionen)	54 f.
Kontrollblöcke	74
Korrektur des Spalteninhalts	130
Korrigieren von Daten	61 f.

L

Listen	67
Listengenerator	67
LOAD	143
LOCK TABLE	133
LOGIN-Name	132
Logische Operatoren	147
Löschen einer Datenbank	23, 123
Löschen einer Tabelle	25, 125
Löschen eines Index	124
Löschen von Datensatzfeldern	41
Löschen von Datensätzen	128

M

Manipulation von Daten	128 f.
Mathematische Funktionen	158
MAX	158
Maximum-Operatoren	64
MDY	164

Mehrstufiger Index	119
Menüebenen	101
Menüfunktion auswählen	20
Menüoberfläche	101
MIN	158
Minimum-Operatoren	64
Money	28
MONTH	162

N

NOT NULL	121
Numeric	27 f.

O

Öffnen einer Datenbank	123
Operatoren	62 f., 146 f.
ORDER BY-Bedingung	158 f.
output-Abschnitt (Ausgabemaske)	68, 71 f.
OUTPUT	145

P

PARAM-Variable	70
PIPE	145
Programmiersprachen	11
Protokolle	136 f.
PUBLIC	132

R

RDSQL	111 f.
RDSQL-Anweisungen	115 f.
RDSQL-Editor	114
RDSQL-Menü	112
RECOVER TABLE	138
Rekonstruieren einer Datenbank	141

Rekonstruieren einer Tabelle	138
Relationale Datenbanken	14 f.
RENAME COLUMN	126
RENAME TABLE	127
REPAIR TABLE	142
Report	36
Reportdatei	67
REVOKE	134
ROLLBACK WORK	140
ROLLFORWARD DATABASE	141

S

Schließen einer Datenbank	118
screen-Abschnitt (Eingabemaske)	45, 47 f.
select-Abschnitt (Ausgabemaske)	68, 73
SELECT-Anweisung	146 f.
Sequentieller Zugriff	43
Serial	28
SET LOCK MODE	135
Spaltendefinition	26 f.
Spalteninhalte korrigieren	130
Spaltenkriterien	26 f.
Spaltenname	26
Sperren einer Tabelle	133
SQL	11, 111 f.
SQL-Anweisungen	115 f.
Standard-Ausgabelängen	79
Standardausgabeliste	37
Standardausgabemaske	45 f., 67
Standardreport	37
START DATABASE	140
Start einer Menüoberfläche	107
Startprogramm	18
STARTSQL	18
Statistische Auswertungen	127
Struktur einer Tabelle	26 f.
Stufenform	14
Suchbedingung	61
Suchen von Daten	61 f.
Suchmerkmal	43

SUM	158
Synonym	125
Syntax	22

T

Tabelle	12 f.
Tabelle anlegen	120
Tabelle löschen	125
Tabelle rekonstruieren	138
Tabelle umbenennen	127
Tabellen sperren	133
Tabellen-Modifikations-Protokoll	136 f.
Tabellen-Verknüpfungen	83 f.
Tabellenname	26
Tabellenspalten umbenennen	126
Tabellenstruktur	26 f.
tables-Abschnitt (Eingabemaske)	45, 49
Tastenbelegung bei Datenkorrekturen	35
Teileingabemasken	103 f.
Transaktion	139
Trennungszeile	19

U

Umbenennen einer Tabelle	127
Umbenennen von Tabellenspalten	126
Umgebungsvariable	17
UNION-Operator	160
UNIQUE	44, 119
UNLOAD	143
UNLOCK TABLE	135
Unterabfragen	154 f.
UPDATE	130
UPDATE STATISTICS	127

V

VALUES	129
Vergleich	149 f.
Vergleichsoperatoren	62 f., 147
Verknüpfen von Tabellen	53, 83 f., 153 f.
vi	114
View löschen	126
Views	122
Virtuelle Tabelle löschen	126
Virtuelle Tabellen	122

W

WEEKDAY	163
WHERE-Bedingung	149 f.
WITH CHECK OPTION	122, 132
WITH LOG IN	119, 140
WITHOUT HEADINGS	145

Y

YEAR	163

Z

Zugriff auf Daten	131 f.
Zugriffsberechtigungen	131 f.
Zugriffsmethoden	43

Gerhard Postels

SQL

Strukturiertes Abfragen unter Informix, Oracle und dBASE

Hüthig

1991, 182 S., geb., DM 58,—
ISBN 3-7785-2031-8

Das Buch befaßt sich mit den SQL-Implementierungen der Datenbanksysteme Informix-SQL, Oracle und dBASE und stellt in anschaulicher und leicht verständlicher Form die Leistungsfähigkeit der Abfragesprache heraus.

Die Ausführungen zu den einzelnen SQL-Befehlen gliedern sich in die Teilbereiche Syntax, Syntaxbeschreibung, Beispiele und Anwendungen. Sämtliche Unterschiede, die hinsichtlich des SQL-Sprachgebrauchs und -Sprachumfangs zwischen den genannten Datenbanksystemen bestehen, sind ausführlich beschrieben.

Die einzelnen Kapitel sind so aneinandergereiht, daß der Leser schrittweise vom Anlegen einer Datenbank, über einfache und komplizierte Datenbankbefragungen bis zur Vergabe von Zugriffsberechtigungen mit SQL vertraut gemacht wird. Eine im Verlauf des Buches zu erarbeitende praktische Anwendung trägt erheblich zum besseren Verständnis bei und ermöglicht dem SQL-Anwender, das Gelernte unmittelbar in seiner SQL-Datenbank zu rekonstruieren.

Hüthig Buch Verlag
Im Weiher 10
6900 Heidelberg 1

Hüthig

Heinz-Peter Herbert

dBASE IV Anwendungen

Dokumentierte Sammlung flexibel einsetzbarer dBASE IV-Prozeduren

1990, 273 S., geb., DM 68,—
incl. Diskette
ISBN 3-7785-1917-4

Dieses Buch wurde für alle diejenigen geschrieben, die nicht die Bedeutung der einzelnen Kommandos, sondern deren praktische Anwendung erlernen, die komplexen Zusammenhänge erkennen oder ihre Fähigkeiten bei der Programmentwicklung mit dBASE IV vervollständigen möchten.

Aus diesem Grund steht in diesem Buch nicht die Erklärung der einzelnen Kommandos im Vordergrund, sondern die Vorstellung und Beschreibung von Anwendungsbeispielen.

Dabei werden sowohl anwendungsfähige, eigenständige als auch anwendungsneutrale Prozeduren beispielhaft erläutert. Alle vorgestellten Routinen erlauben die Abstraktion sowie die Einbindung in eigene Applikationen. Zahlreiche Lösungen sind sofort eigenständig unter dBASE IV auszuführen.

Die einzelnen Beispiele wurden speziell für dieses Buch verfaßt und zeigen die unterschiedlichen Wege zur Problemlösung mittels der dBASE-Sprache. Durch die Kombination von „Diskette mit komplettem Programmcode" und „gedruckter Befehlsdokumentation" wird die bestmögliche Hilfestellung bei der Realisierung von dBASE-Applikationen und der Umsetzung der Beispiele gegeben.

Hüthig Buch Verlag
Im Weiher 10
6900 Heidelberg 1

Peter Klau

dBASE IV 1.1 für Programmierer

Befehle, SET-Kommandos, Funktionen, System-Speichervariablen, SQL-Syntax

Hüthig

1991, 688 S., geb., DM 88,—
ISBN 3-7785-1852-6

Dieses Buch wurde für dBASE-Programmierer geschrieben, die bei der Programmierung ein kompaktes, übersichtliches Nachschlagewerk brauchen. Es wendet sich gleichermaßen an Anfänger wie an fortgeschrittene Software-Entwickler, die dBASE professionell nutzen wollen. Berücksichtigt wird der Sprachumfang von dBASE IV einschließlich Release 1.1.

Ziel des Buches ist die vollständige Darstellung und Erklärung des dBASE-Sprachkonzeptes. Nach einer Einführung in die Grundlagen der dBASE-Programmierung wird jeder Befehl, jedes SET-Kommando und jede Funktion ausführlich diskutiert und anhand von praktischen Beispielen erläutert.

Ein weiteres Kapitel beschäftigt sich mit den Möglichkeiten der System-Speichervariablen, die unter dBASE IV zum Erstellen und Steuern von effektiven Datenbankreporten dienen.

Die dBASE-SQL-Schnittstelle ist Gegenstand des nächsten Abschnitts. Hier wird die Syntax dieser mächtigen Abfragesprache vorgestellt.

Abgeschlossen und ergänzt wird dieses Werk durch eine umfangreiche Auswahl von Tabellen und Beschreibungen, die jeder Programmierer zur bestmöglichen Nutzung von dBASE braucht.

Hüthig Buch Verlag
Im Weiher 10
6900 Heidelberg 1

Hüthig

Paul-Jürgen Schmitz

Framework III anwenden

Eine Einführung für die Praxis

1991, IV, 381 S., geb., DM 68,—
ISBN 3-7785-1919-0

Dieses Buch wendet sich sowohl an den Einsteiger als auch an fortgeschrittene Anwender von Framework III. Es ermöglicht eine rasche Einarbeitung in den Umgang mit dem Programm und führt bis zum effektiven Einsatz.

Nach einer grundlegenden Einführung steht die Bewältigung konkreter Aufgabenstellungen wie z. B. das Schreiben eines Briefes oder der Ausdruck von Adressaufklebern im Mittelpunkt. Der Leser lernt dabei schrittweise und systematisch, einzelne Programmfunktionen gezielt und effektiv einzusetzen.

Das Buch ist sowohl für den Einsatz in der Erwachsenenbildung, als auch für das Selbststudium konzipiert. Dazu sind Lernziele zu jedem Abschnitt formuliert und Fragestellungen klar umrissen. Am Ende von längeren Kapiteln finden sich kurze Zusammenfassungen sowie Übungsaufgaben, um das Gelernte zu vertiefen. Am Ende des Buches werden Lösungshinweise gegeben.

Der fortgeschrittene Anwender kann dieses Buch als Nachschlagewerk benutzen und findet praxiserprobte Tips zur Leistungssteigerung. An praktischen Fällen wird der Einsatz von Macros und Abkürzungen aufgezeigt und in die Programmiersprache FRED eingeführt. Die beschriebenen Beispiele können auch ohne weitere Programmierkenntnisse sofort genutzt werden.

Hüthig Buch Verlag
Im Weiher 10
6900 Heidelberg 1